Alexandra Matzke

Glücksorte in Ostwestfalen-Lippe

Fahr hin & werd glücklich

Dieses

Glücksbuch

ist für

Liebe Glücksuchende,

Ostwestfalen-Lippe, kurz OWL genannt, ist ein wunderschönes Fleckchen Erde im Herzen von Deutschland. Die vielen Mittelgebirgslandschaften, wie das Lipper Bergland, das Wiehengebirge oder der Teutoburger Wald, dazu noch die vielen Badeseen machen OWL zum beliebten Urlaubs- und Erholungsgebiet.
Da ich bereits seit meiner Geburt in OWL lebe, habe ich mit der Zeit sehr viele schöne Orte gefunden, die man zurecht als Glücksorte bezeichnen kann. Bei meiner Auswahl ist bestimmt für jeden etwas dabei. Wer Ruhe und Entspannung sucht, findet ebenso seinen Glücksort, wie derjenige, der Erlebnis oder Unterhaltung bevorzugt. Einkehrmöglichkeiten mit gutem Essen kommen dabei natürlich auch nicht zu kurz. Jeder wird hoffentlich in diesem Buch seinen eigenen Glücksort entdecken.
Meine persönlichen Favoriten habe ich in Stemwede bei „Rila erleben" mit den wunderschön angelegten Gärten der Sinne und im Paradies für Biker in Höxter an der Tonenburg gefunden. Aber lesen und erleben Sie es selbst!
Viel Spaß und Freude mit dem Buch und dem Aufsuchen der Glücksorte!

Ihre Alexandra Matzke

GLÜCK

Deine Glücksorte ...

... noch mehr Glück für dich

"Glück"

Goldene Brücke

1 Das Altenbekener Viadukt im Paderborner Land

Wo kann man besser die Seele baumeln lassen als hier im Paderborner Land? Das Eisenbahnviadukt, auch Bekeviadukt genannt, ist mit 482 Metern Länge und 35 Metern Höhe die größte Kalksandstein-Brücke in Europa. Sie wurde im Jahre 1853 eröffnet. Der preußische König Friedrich Wilhelm IV. soll bei seiner Rede zur Eröffnung gesagt haben: „Ich habe geglaubt, eine goldene Brücke vorzufinden, weil so schrecklich viele Taler verbraucht worden sind!" Das Viadukt wurde im Herbst 1950 wiederaufgebaut, nachdem es im Zweiten Weltkrieg durch alliierte Luftangriffe im November 1944 zerstört worden war. Seit 2003 gleicht es nachts wahrhaftig einer goldenen Eisenbahnbrücke: Von den 24 Bögen sind 20 beleuchtet, was dem Ganzen eine beeindruckende Ausstrahlung gibt. Über das Viadukt führt die zweigleisige Bahnstrecke Hamm–Warburg. Das Viadukt steht übrigens am Ortseingang und ist das Wahrzeichen Altenbekens, das sich auch in dessen Wappen wiederfindet – einzigartig in Deutschland.

Am Fuße des Viadukts steht eine Dreiecks-Info-Trommel mit viel Wissenswertem wie etwa über Bau, Zerstörung und Wiederaufbau des Bauwerks in seiner mehr als 160-jährigen Geschichte. Seit 2003 finden alle zwei Jahre am ersten Juliwochenende in der Egge die Eisenbahn- & Kulturtage „Vivat Viadukt" statt. Hier schlägt das Herz von Modellbahnfreunden und Eisenbahnexperten höher beim Anblick der eindrucksvollen Dampf- und Diesellokomotiven auf dem Bahnhof. Für Groß und Klein gibt es ein außergewöhnliches Unterhaltungsprogramm mit Livemusik, Kabarett und Comedy. Die Kinder können Spannendes im Vivat Kinderland entdecken. Von der Holzbank unterhalb der Brücke, die ganz passend den Namen „Viaduktblick" trägt, hat man eine wundervolle Sicht auf die Brücke bei Tag und die goldenen Bögen bei Nacht.

- Altenbekener Viadukt, Adenauerstraße, 33184 Altenbeken
  www.vivat-viadukt.de
- ÖPNV: Bus 431 ab Paderborn Hbf., Haltestelle Altenbeken, Großes Viadukt

Die grüne Apotheke

2 Apothekergarten im Botanischen Garten Gütersloh

Der Apothekergarten im Herzen des wunderschön bunten botanischen Gartens öffnete im Sommer 1998 erstmals seine Tore. Der Garten wurde nach wissenschaftlichen Gesichtspunkten in 23 naturheilkundliche Themenbereiche wie zum Beispiel Verdauungsstörungen oder Frauenheilkunde aufgeteilt. Auf ungefähr 2000 Quadratmetern wachsen mehr als 150 Arzneipflanzen. Der beeindruckte Besucher erfährt, wie wertvoll diese Pflanzen für den menschlichen Organismus sind, und bekommt die Gelegenheit, bekannte Heilpflanzen wie Johanniskraut, Kümmel und Ringelblume oder auch Salbei einmal in natura zu sehen und sich über ihre Anwendung auf den Tafeln zu informieren. Der botanische Garten gehört zu den schönsten Ostwestfalens und erreichte 2006 beim Wettbewerb „Deutschlands schönster Garten" den dritten Platz. Hier blühen schmerzlindernde Arnika, Artischocke mit positiver Wirkung auf Leber und Galle, verdauungsfördernde und krampflösender Fenchel sowie der Flohsamen mit seinen entzündungshemmenden und reizlindernden Eigenschaften. Bereits in der Vergangenheit wurden diese Naturkräfte genutzt, um Infekte und Krankheiten zu heilen. Heute sind wieder viele Menschen auf der Suche nach natürlichen Heilmethoden und greifen immer häufiger auf die heilsamen Kräfte von Arzneipflanzen zurück. Durch dieses neu gewonnene Interesse bringt es Deutschland mittlerweile auf 30 neue oder teilweise restaurierte historische Apothekergärten.

TIPP
Für kostenlose Führungen im Frühjahr und Sommer Claudia Scherrer kontaktieren: Tel. (0 52 41) 9 30 50.

Nach dem Spaziergang und der Entdeckung vieler verschiedener Kräuter wird man mit einer Stärkung im Palmencafé belohnt, das unweit des Garten im Frühjahr, Sommer und Herbst täglich zu Kaffee, Kuchen und Mittagessen einlädt. Welch Genuss, nach der Erkundungstour im gemütlichen Café zu sitzen und sich nach Herzenslust inmitten der Natur verwöhnen zu lassen.

- Apothekergarten, Parkstraße 57, 33332 Gütersloh
  www.apothekergarten-guetersloh.de
- ÖPNV: Bus 205 ab Gütersloh ZOB, Haltestelle Reckenberger Straße

In himmlischen Sphären

3 Der Flugplatz von Porta Westfalica

„Über den Wolken muss die Freiheit wohl grenzenlos sein …", wusste schon Reinhard Mey zu singen. Traumhaft schön ist es aber auch schon, am Flugplatz von Porta Westfalica dem Verkehrstreiben in der Luft und am Boden zuzuschauen. Bei gutem Wetter starten und landen am Tor zu Westfalen Sportflieger, Ultraleichtflieger, Segelflieger und Hubschrauber. Aufgrund der guten Thermik wird dieses Areal gerne von begeisterten Hobbypiloten genutzt. Es gibt eine hübsche Sage zur Entstehung der Porta Westfalica, die mit den Elementen Erde und Wasser zu tun hat: Ein gottgesandter Blitz spaltete das Gebirge, und die Weser konnte hindurchfließen. Der Teufel wollte das verhindern und brachte einen großen Gesteinsbrocken herbei, mit dem er die Spalte wieder schließen wollte. Allerdings war der Brocken so schwer, dass er damit stürzte und unter diesem begraben wurde. Die Spalte mit dem Weserdurchfluss nennt sich heute Westfälische Pforte beziehungsweise lateinisch Porta Westfalica. Der vom Blitz geteilte Gebirgszug ist das Wiehen- und Wesergebirge.

TIPP

Im Restaurant werden über 50 verschiedene Sorten Bier und dazu viele Informationen angeboten.

Auf dem Flugplatz gilt es, das Element Luft neu zu entdecken, etwa bei Rundflügen mit Hubschrauber oder Motorflieger. Wie schön ist es, über das Tor Westfalens mit dem Kaiser-Wilhelm-Denkmal und die gelben Rapsfelder zu fliegen und die Welt von oben zu entdecken! Plötzlich wird alles so klein und nichts ist mehr wichtig. Es gibt hier auch die Möglichkeit, selbst am Steuerknüppel zu sitzen und den Flugschein zu machen.

Wer nicht so hoch hinauswill oder sich nach dem Flug etwas Leckeres gönnen möchte, lässt sich im Restaurant Airfield verwöhnen. Drinnen macht die Atmosphäre Lust aufs Essen, draußen auf der windgeschützten Terrasse mit Blick auf die Start- und Landebahn auf die Freiheit beim Fliegen. Ob Frühstück, Mittagstisch, Kaffee und Kuchen oder Abendbrot – es schmeckt alles himmlisch gut. Ein romantisches Dinner zu zweit ist hier ebenso möglich wie Feierlichkeiten oder Events.

- Flugplatz Porta Westfalica mit AIRFIELD-Flugplatzrestaurant, Flughafen 1, 32457 Porta Westfalica, Tel. (0 57 31) 7 93 58 00, www.airfield-porta.de
- ÖPNV: Bus 418 ab Porta Westfalica, Hausberge, Haltestelle Holzhausen, Hitzepohl

Natur pur erleben

4 Umweltzentrum Heerser Mühle in Bad Salzuflen

Wer den Begriff Umweltzentrum hört, denkt wahrscheinlich nicht direkt an einen Glücksort. Aber weit gefehlt. Das Motto des Umweltzentrums Heerser Mühle ist „Natur erleben und erfahren". Und dass dieses Motto auch Programm ist, bestätigen Besucher gern, denn rund um die Heerser Mühle lässt sich die Einzigartigkeit sowie die Bedeutung der Natur für uns Menschen tatsächlich hautnah erleben. Es gilt die vielen verschiedenen Gärten zu bestaunen und dabei zu bedenken, dass wir nur diese eine Erde haben, auf der es sich zu leben lohnt! Selbst die Kleinsten werden hier schon im Schulgarten, in dem Schulen und Kindergärten sowie Jugendeinrichtungen ihre Beete haben, auf die Bedeutung der Natur und den sorgsamen Umgang mit ihr eingestimmt. Die Kinder müssen die von ihnen angepflanzten Blumen, Stauden und Gemüsesorten selbst regelmäßig pflegen und lernen so spielerisch allerlei Wissenswertes über die Natur und deren Kreislauf. Die unterschiedlichsten Gärten, den Wildbienenlehrpfad und den Apothekergarten gilt es hier zu bestaunen. Im Färbergarten wachsen Pflanzen, aus denen Farbstoffe gewonnen werden, die zum Malen oder zum Färben von Kleidung verwendet werden können.

Die Seele baumeln lassen kann man an gleich fünf wunderschön angelegten Teichen. In den Sommermonaten ist es sogar möglich, im Schatten der großen Bäume mit bloßen Füßen durch die Werre zu spazieren. Gerade für Kinder ist es ein großer Spaß, im seichten Wasser zu planschen. Die Kleinen können sich an den vielen Spielmöglichkeiten nach Herzenslust austoben. Das Umweltzentrum bietet noch dazu Glück, das nichts kostet, denn der Eintritt ist frei für Groß und Klein. Auf einer Naturbühne finden mehrmals im Jahr Konzerte und Lesungen statt, über 100 Besucher finden dort Platz. Direkt am Eingang liegt das Mühlencafé mit seinen kulinarischen Angeboten. Wunderschön ist es, sich hier in den malerischen Garten zu setzen und ein Stückchen frisch gebackenen Kuchen zu genießen.

- Umweltzentrum Heerser Mühle e.V., Heerser Mühle 1–3, 32107 Bad Salzuflen, Tel. (0 52 22) 79 71 51, www.heerser-muehle.de
- ÖPNV: Bus 350, 351 ab Bad Salzuflen ZOB, Haltestelle Heerser Mühle

Sich selbst finden

5 Das 12-Kreis-Labyrinth in Hille

Den Weg zu sich selbst zu finden ist nicht ganz leicht, aber der verschlungene Pfad im 12-Kreis-Labyrinth hilft dabei. Die Zahl Zwölf für das Labyrinth ist nicht zufällig gewählt worden, denn das Labyrinth besteht tatsächlich aus zwölf Kreisen, in deren Mittelpunkt sich das Allsehende Auge befindet. Die Idee zum Bau des Labyrinths kam Martin Bollmeier im Jahre 2012 nach einem Herzinfarkt, in dessen Folge er viel Zeit mit Lesen verbrachte und dabei auf das Labyrinth in der Kathedrale von Chartres in Frankreich stieß. Schnell wurde mit der Planung und der Umsetzung eines eigenen Labyrinths begonnen, sodass die Einweihung des Herzpunktes, des sogenannten Auges, am 21. Dezember 2012 erfolgen konnte. Diesen Mittelpunkt haben Sylvia Bollmeier und ihr Mann unabhängig voneinander mit Wünschelruten bestimmt. Sie lagen dabei nur 20 Zentimeter auseinander. 2013 entstand dann der Mittelkreis mit der Rose und dem Allsehenden Auge. Anschließend wurde rund um das Auge die Grasnarbe entfernt und die Fläche für die Bepflanzung vorbereitet. Im März 2014 wurden auf der insgesamt 800 Meter langen Labyrinthstrecke an einem Wochenende 2400 Hainbuchenpflanzen gepflanzt. „Es gibt interessante Dinge, die hier passiert sind", erzählt Sylvia Bollmeier. In der Planung waren ursprünglich andere Pflanzen als die jetzt verwendeten Hainbuchen vorgesehen. Ein etwas aus den Augen verlorener Bekannter kam wie aus heiterem Himmel vorbei, besorgte 2400 Hainbuchen zu einem unschlagbar günstigen Preis und verschwand wieder.
„Das Labyrinth ist kein Irrgarten", erklärt Sylvia Bollmeier. Es gibt nur einen Weg hinein und wieder hinaus und vielleicht findet man dabei den wichtigsten Weg – den Weg zu sich selbst. Das Labyrinth ist an jedem letzten Sonntag im Monat für die Öffentlichkeit zugänglich.

- LichtBlick09 – 12-Kreis-Labyrinth, Rahdener Straße 256, 32479 Hille, Tel. (0 57 03) 8 17 14 07, www.lichtblick09.de
- ÖPNV: Bus 512 ab Minden ZOB, Haltestelle Hille, Apotheke

Gastlich aus Tradition

6

Genießen im Ratskeller von Wiedenbrück

Das romantische Städtchen Wiedenbrück wurde am 1. Januar 1970 mit der benachbarten Stadt Rheda zusammengeschlossen, und so entstand die Doppelstadt Rheda-Wiedenbrück an der Ems. Alteingesessene Wiedenbrücker fahren natürlich weiter nach Rheda und umgekehrt, es gibt schließlich genug erfreuliche Anlässe. Alljährlich vier Wochen vor Heiligabend öffnet einer der schönsten Weihnachtsmärkte Ostwestfalens, der Christkindlmarkt in Wiedenbrück, seine Pforten. Wunderschön anzusehen sind auf dem Marktplatz mit seinen Fachwerkhäusern die große Weihnachtspyramide, die im Kreis aufgestellten Buden, das nostalgische Kinderkarussell und die Bühne, die ein buntes Unterhaltungsprogramm bietet. Abends gegen 21 Uhr geben die Turmbläser ihr Ständchen aus den Fenstern der St.-Aegidius-Kirche im historischen Ortskern.

TIPP
Unbedingt das Pumpernickel-Eis probieren!

Die Glühweinstände verbreiten einen köstlichen Duft. Ganz besonders lecker ist der Glühwein des Ratskellers, der sich in einem der schönsten Fachwerkhäuser der Stadt befindet. Er wird neben vielen anderen Gaumenfreuden an einem lecker duftenden Stand kredenzt. Auch bei schlechtem Wetter bietet dieser etwa 20 Personen Schutz. Der alteingesessene Ratskeller selbst lockt mit kulinarischen Genüssen auf hohem Niveau. Die vor einigen Jahren aus München und vom Starnberger See zugereisten Pächter Miriam von der Wöste-Bader und Stefan Bader haben, wie sie selbst sagen, hier ihren ganz persönlichen Glücksort gefunden und möchten das schöne Gefühl an ihre Gäste weitergeben. Das spiegelt sich in dem liebevoll restaurierten Hotel mit 30 Zimmern und dem gemütlich und einladend wirkenden Restaurant wieder. Die Hotelzimmer kombinieren Fachwerkcharme und zeitgemäßen Komfort. Wunderschön ist es im Kaminzimmer. Dort kann man sich den Genüssen aus der Küche hingeben und bleibt dabei bei kleineren Feiern ganz unter sich. Im Ratskeller wird noch ehrliche Herzlichkeit und Freundlichkeit gelebt, und das spürt jeder, der hier eintritt.

● Hotel und Restaurant Ratskeller Wiedenbrück, Markt 11, 33378 Rheda-Wiedenbrück, Tel. (0 52 42) 92 10, www.ratskeller-wiedenbrueck.de
● ÖPNV: Bus 79 ab Rheda Bahnhof, Haltestelle Wiedenbrück Ratskeller

Ratskeller
Ratskeller
Romantik Hotel
Ratskeller

Nicht nur für Raucher

7 Das Zigarrenmuseum in Bünde

Im Deutschen Tabak- und Zigarrenmuseum im ostwestfälischen Städtchen Bünde befindet sich eine Riesenzigarre. Lange galt dieses im Jahr 1936 gefertigte Tabakprodukt als größte Zigarre der Welt. Zumindest wurde dies damals von allen deutschen Zeitungen berichtet. Man konnte die 1,6 Meter lange und 30 Zentimeter dicke Zigarre natürlich nicht rauchen. Da sie aber zu 100 Prozent aus Tabak besteht und nicht etwa eine im Inneren verborgene Holzstange zur Stabilisierung enthält, wird sie auch heute noch als rauchbare Riesenzigarre bezeichnet.
Warum aber ist ein so kurioses Objekt in Bünde zu finden? Heutzutage gibt es in Bünde beziehungsweise der unmittelbaren Umgebung drei Zigarrenfabriken. Tatsächlich waren es einmal weit über 100, und Bünde trug in der ersten Hälfte des 20. Jahrhunderts den Beinamen „die Zigarrenstadt“. Angefangen hatte alles damit, dass Christoph Kolumbus von einer seiner vier großen Entdeckungsreisen in den Jahren 1492 bis 1504 den Tabak aus Amerika nach Europa brachte. Dieser Rohtabak wurde in Europa weiterverarbeitet. In Minden, Vlotho und Bünde entstanden in den 1830er- und 1840er-Jahren erste Zigarrenfabriken. Die verarbeiteten ausschließlich Überseetabak, der unter anderem aus der Gegend rund um das amerikanische Baltimore kam. Mit dem Tabak kam auch ein gewisser Wohlstand in die Region, denn viele der durch den Niedergang der Leineweberei arbeitslos gewordenen Bünder hatten in der Zigarrenproduktion wieder eine Beschäftigung gefunden.

TIPP
Im Untergeschoss des Dobergmuseums warten das versteinerte Skelett einer Seekuh und Teile eines Zahnwals.

Das Deutsche Tabak- und Zigarrenmuseum ist im 1828 erbauten Striedieckschen Hof untergebracht. Hier befinden sich 2230 Exponate und 31 Medienstationen und die berühmte Riesenzigarre. Das Tabakmuseum war von 1937 bis zum Jahre 2009 geöffnet. Danach wurde es neu gestaltet, um im Jahre 2010 wieder in frischem Licht zu erstrahlen. Seitdem lässt es die Geschichte des Tabaks auf unterhaltsame Weise wieder lebendig werden. Im selben Gebäude befindet sich übrigens auch das Dobergmuseum mit Exponaten aus der regionalen Erdgeschichte.

- Museum Bünde, Fünfhausenstraße 8–12, 32257 Bünde, Tel. (0 52 23) 79 33 00
www.buende.de/Freizeit-Tourismus/Museum
- ÖPNV: Bus 547 ab Bünde ZOB, Haltestelle Museumsplatz

Schnell, frisch und lecker

8

Das Schmeck Werk in Höxter

Das Schmeck Werk in der Innenstadt von Höxter, 2017 eröffnet, ist ein Familienunternehmen, in dem viel Liebe steckt – das sieht, spürt und schmeckt man einfach. Beim Betreten des Bistros lässt schon der Duft nach guten Zutaten echte Gaumenfreuden erwarten. Herrliche Brote mit Ziegencamembert, kandierten Walnüssen, Preiselbeer-Feigen-Senf und dazu Salat oder belegt mit Tomaten, Mozzarella und Rucola sind richtige Leckerbissen. Sie schmecken so besonders gut, weil das Brot eigens für das Schmeck Werk frisch gebacken und mit bestem Olivenöl bestrichen wird. Während feiner Tee oder aromatischer Kaffee um die Wette duften und die Brote erwärmt werden, kann der Blick einmal durch den freundlich ausgestatteten Raum schweifen. Die Augen können ungehindert in die Küche und über die Arbeitsflächen wandern und dem Koch beim Zubereiten der Speisen zugucken. Draußen stehen Bänke bereit, um sich niederzulassen und zu schlemmen. Alles wird selbstverständlich frisch zubereitet. Ein absolutes Highlight ist die „Gourmetplatte" zum Frühstück für zwei Personen. Die muss man sich wortwörtlich auf der Zunge zergehen lassen. Neben den leckeren Broten gibt es „Oma Tölles Waffeln in neuem Gewand", außerdem Backkartoffeln, klassisch mit Kräuterquark oder mit Pulled Pork serviert, Flammbrote mit Ofenlachs und Meerrettich-Apfel-Dip sowie andere Köstlichkeiten. Ursprünglich betrieb Familie Menne über 30 Jahre das Restaurant im Schloss Corvey, bevor sie das Bistro in Höxter eröffnete. Angesichts der Räumlichkeiten entstand die Idee, hier ausgefallene, qualitativ hochwertige, aber auch schnell zuzubereitende Gerichte anzubieten. Die Idee für das Bistro war geboren – und was passt besser auf den komplett erneuerten Marktplatz von Höxter als das Schmeck Werk? Die Speisen werden exklusiv von den Inhabern, die zugleich Köche sind, zubereitet. Darauf legen Stephan Menne und sein Team sehr viel Wert. Ihr Credo: Der Gast soll lecker essen und sich wohlfühlen. Und das tut er mit Sicherheit hier.

TIPP

Der Lieferservice vom Schmeck Werk bringt all die leckeren Sachen gern auch direkt nach Hause.

- Schmeck Werk, Markstraße 3, 37671 Höxter, Tel. (0 52 71) 4 04 98 30 www.schmeck-werk.de
- ÖPNV: RB 84 ab Detmold Bahnhof, Haltestelle Höxter Kilianikirche

Honest
Bio Tee
Coca-Cola

Eine Tonne als Wahrzeichen

9 Der Windmühlenstumpf von Oerlinghausen

Jedes Jahr am letzten Sonntag im April findet der Hermannslauf statt, bei dem über 7000 Teilnehmer vom Hermannsdenkmal bis zur Sparrenburg nach Bielefeld laufen oder wandern. Die insgesamt 31,1 Kilometer lange Strecke führt über die Höhen des Teutoburger Waldes und passiert auch den Tönsberg mit seiner besonderen Sehenswürdigkeit. Der Tönsberg ist ein Bergrücken im Teutoburger Wald. Auf ihm thront die Kumsttonne, das Wahrzeichen der Stadt Oerlinghausen. Sie sieht aus wie eine überdimensionale Tonne, in der Sauerkraut gekocht wird. Sauerkraut? Ja, denn Sauerkraut wird in Ostwestfalen-Lippe „Kumst" genannt. Dem Steintopf, in dem der Kohl zu Sauerkraut vergärt, verdankt der Windmühlenstumpf seinen Namen. Im Jahre 1753 wurde auf dem 334 Meter hohen Tönsberg diese Windmühle errichtet, die dann 60 Jahre lang ihre Arbeit tat. Heute ist hier nur noch ein Rest von ihr zu finden, da sie bei einem schweren Sturm ihre Flügel verlor. Die unterschiedlichen steinernen Wappen an der Mühle weisen auf die vielen verschiedenen Pächter hin. Auf dem 1923 herausgegebenen Notgeld der Lippischen Landesbank war neben der Hünenkapelle übrigens auch die Kumsttonne als Sehenswürdigkeit auf dem Tönsberg abgebildet.
Auch hier oben kann man einem Gespräch zwischen Opa Hermann und Enkelin Anna lauschen, die sich über den wunderschönen Aussichtspunkt mit dem ungehinderten Blick auf Oerlinghausen und das lippische Umland unterhalten. Denn der Tönsberg gehört zu den 25 Orten auf den Hermannshöhen, die in kleinen Hörspielen die Unterhaltung zwischen dem generationenvereinenden Wanderpaar Hermann und Anna präsentieren. Der kürzeste Weg aus der Innenstadt zur Kumsttonne führt über die Stufen der Himmelsleiter. Oben angekommen, wird man mit einem atemberaubenden Panoramablick belohnt und kann von hier aus wunderschöne Wanderungen unternehmen. Ein nahes Ziel wäre zum Beispiel das archäologische Freilichtmuseum, das 1,5 Kilometer entfernt liegt.

- Kumsttonne, Kammweg, 33813 Oerlinghausen
www.oerlinghausen.de
- ÖPNV: Bus 39 ab Bielefeld-Sennestadt, Haltestelle Oerlinghausen, Brachtshof

Entschleunigung am Wasser

10 Der Familienfreizeitplatz Borlefzen in Vlotho

Der familiengeführte Campingplatz Borlefzen zwischen Rinteln und Vlotho hat sehr viel zu bieten, sodass sich Familien und Wassersportler hier gleichermaßen wohlfühlen. Ob mit dem eigenen Wohnwagen, Wohnmobil oder auch mit dem Zelt, hier ist entspannter Urlaub an der Weser garantiert. Wer das Campen erst einmal ausprobieren möchte, kann sich einen Wohnwagen mieten. Einige der Saisonplätze verfügen über eine wunderschöne Aussicht, liegen direkt an der Weser und sind mit Strom-, Frischwasser und Abwasseranschluss bestens ausgestattet. Auf der Urlauberinsel gibt es für jeden Anlass den passenden Stellplatz. Ob für ein paar Tage auf den Touristikstellplätzen, für eine Saison oder für ein ganzes Jahr, der großzügige Badesee lädt im Sommer dazu ein, die Luftmatratze aufzupusten und auf dem kühlen Nass dahinzugleiten. An kühleren Tagen lässt er sich mitsamt der herrlichen Landschaft wandernd erkunden. Für aktive Wassersportler wie Surfer oder Stand-up-Paddler ist der See ein Traum. Aber auch für Ruhesuchende, Angler und Wanderer ist dieses schöne Fleckchen Erde einfach idyllisch. Boote gelangen über eine Slipanlage in die 80.000 Quadratmeter große Hafenanlage, von wo aus der direkte Weg auf die Weser nicht mehr weit ist. Großen Spaß macht der Ponton, etwas vom Ufer entfernt. Hier kann man nach Herzenslust ins Wasser springen und sich austoben. Der große Badestrand mit Nichtschwimmerzone lädt zum Relaxen und Planschen ein. Für Kinder sind Spielgeräte wie Rutsche und Klettergerüst vorhanden. Sportliche betätigen sich auf dem Minigolf-, Volley- und Bolzplatz.

Wer es etwas gemütlicher und ruhiger haben möchte, mietet sich eines der Ferienhäuser direkt am See mit eigenem Grundstück. Eine Seeterrasse lädt zu Ruhe und Entspannung ein, und der eigene Badesteg sorgt für ein ungezwungenes privates Badevergnügen. Hier auf dem Familienfreizeitplatz Borlefzen gibt es ihn noch, den Campingurlaub wie aus dem Bilderbuch, mit allem, was das Herz begehrt.

- Familienfreizeitplatz Borlefzen GmbH, Borlefzen 2, 36202 Vlotho/Weser, Tel. (0 57 33) 8 00 08, www.borlefzen.de
- ÖPNV: Bus S2 ab Vlotho Bahnhof, Haltestelle Uffeln-Borlefzen

In Geschichten versinken

11 Die Stadtbibliothek in Werther

Die Heimatstadt des Künstlers Peter August Böckstiegel (1889 – 1951), namhafter Vertreter des westfälischen Expressionismus, liegt direkt am Schwarzbach und lockt mit spannenden Kulturangeboten und einer bemerkenswert lebendigen Bibliothek, die mit viel Herzblut betrieben wird. Die städtische Bibliothek in Werther, angesiedelt in einem schönen Fachwerkhaus, ist eine absolute Familienbibliothek. Die Atmosphäre des Hauses nimmt ein, und man fühlt sich sofort heimisch. Hier treffen sich Alt und Jung, um Bücher oder Hörbücher auszuleihen. 2019 feierte sie ihr 25-jähriges Jubiläum, und ein Jahr später wurde sie von der Neuen Westfälischen, der lokalen Tageszeitung für Ostwestfalen-Lippe, mit dem „Stern des Jahres" ausgezeichnet. Wer aber denkt, hier gibt es nur Bücher zum Lesen und Hören, liegt falsch. Neben Gesellschaftsspielen sind Tonieboxen und die etwa 50 Tonies die absoluten Hits. Tonies sind Figuren, die, auf eine würfelförmige Toniebox gesteckt, Geschichten abspielen – vor Ort und bei Ausleihe auch zu Hause. Wer eine neue Art des Lesens kennenlernen will, kann sich in der Bibliothek einen E-Book-Reader ausleihen. Laptops sind vor Ort zu benutzen und tun nicht nur Schülern, die ein Referat schreiben müssen, gute Dienste. Insgesamt bietet die Bibliothek in ihrem Präsenzbestand 15.000 Medien, online sogar über 85.000 – ein Traum für jeden Bücherwurm.

TIPP
Das Böckstiegel-Haus, Geburtsort und zeitweilige Wirkungsstätte des Künstlers, steht im Rahmen von Führungen Besuchern offen (www.museumpab.de)

Für Erwachsene gibt es zwei Termine für Lesungen im Jahr, den „Lesefrühling" und den „Leseherbst". Dann lesen meist namhafte Autoren aus ihren eigenen oder aus anderen Büchern vor und bescheren ihren Zuhörern geistreiche Abende. Aufgrund der engen Zusammenarbeit mit der Grundschule bekommen alle Schulkinder kostenlos einen Bibliotheksausweis zur Verfügung gestellt. Schon Kinder ab zwei Jahren hören auf dem Schoß ihrer Eltern oder Großeltern „Schoßgeschichten". Beim „Schmökern in Pöltern" werden die Kinder in ihren „Pöltern", wie die Ostwestfalen zu Schlafanzügen sagen, ins Land der Träume geleitet. Wie gemütlich!

- Stadtbibliothek Werther, Schlossstraße 36, 33824 Werther
https://werther.bibliotheken-in-owl.de
- ÖPNV: Bus 160 ab Werther (Westf.) ZOB, Haltestelle Werther-Arrode, Böckstiegelhaus

Stadtbär
UNENDLICHE
FLUSS
FEUER-DRACHEN
MEN AT WORK
HABA
Die Legende der
IRRLICHTER
HABA
erster
schatz
HABA
HABA

Vergangenheit zum Anfassen

12 Die Wewelsburg in Büren

Bereits bevor man die Burg betritt, erhält man einen Überblick über die einzige Dreiecksburg Deutschlands. In Miniaturausgabe können ihre dreieckigen Umrisse von oben und in ihrer ganzen Pracht betrachtet werden. Die Wewelsburg, hoch über dem Tal der Alme und damit aus allen Richtungen schon von Weitem zu sehen, ist ein wahrhaft geschichts-trächtiger Ort. Im Jahre 1123 war an dieser Stelle vom Grafen Friedrich von Arnsberg eine Burg erbaut worden, die aber kurz nach seinem Tod bereits wieder in Trümmern lag. Fast 400 Jahre später errichtete dann der Paderborner Fürstbischof Dietrich von Fürstenberg an der gleichen Stelle die Wewelsburg als Schloss im Stil der Weserrenaissance. 1924 wurde die Burg dem Kreis Büren überschrieben.
In der Geschichte der Burg gibt es aber auch ein dunkles Kapitel. 1933 bis 1945 nutzte die SS die Burg als Versammlungsort und plante dort eine Reichsführerschule zu errichten. Zu diesem Thema gibt es in der Wewelsburg eine Dauerausstellung unter dem Titel „Ideologie und Terror der SS“. In den historischen Räumen des ehemaligen SS-Wachgebäudes wird auf 850 Quadratmeter Ausstellungsfläche viel über diese Zeit vermittelt. Gestützt auf originale Ausstellungsstücke, auf Bild- und Textelemente, aber auch auf moderne mediale Formen breitet die Ausstellung auf sehr informative Weise diesen düsteren Abschnitt der Geschichte vor dem Besucher aus.
Auf etwas heiterere Art lässt auch das Historische Museum des Hochstifts Paderborn den Hauch der Geschichte und den Werdegang des Fürstbistums spüren. Mit ein wenig Glück entdecken die kleinen Besucher den netten Turmfalken Falko, der in der Burg und dem Historischen Museum wohnt. Mit ihm wird es nie langweilig, da er immer spannende Geschichten parat hat. Exponate aus der Kultur-, Sozial- und Wirtschaftsgeschichte des Paderborner Landes zeigt das angrenzende Kreismuseum. Nach dem Rundgang lässt man sich am besten im Café „Zur Wewelsburg“ bei leckerem Kuchen verwöhnen. Einen grandiosen Ausblick gibt es gratis dazu.

- Wewelsburg, Burgwall 19, 33142 Büren
  www.wewelsburg.de
- ÖPNV: Schnellbus S61 ab Paderborn Hbf., Haltestelle Wewelsburg Kreismuseum

Digitale Zeitreise

13

Das Heinz Nixdorf MuseumsForum in Paderborn

Im Heinz Nixdorf MuseumsForum (HNF) begibt man sich auf 6000 Quadratmeter Fläche auf eine spannende Entdeckungstour durch 5000 Jahre Informationsübermittlung und kann dabei Erfinder, Unternehmer, historische Maschinen und natürlich auch die neuesten technischen Entwicklungen kennenlernen. Der digitale Pionier Heinz Nixdorf gründete 1952 die Computer AG, erst in Essen, später in Paderborn. Hiermit legte er die Basis für das heute größte Computermuseum der Welt, in dem über 2000 Objekte ausgestellt sind. Eine alte Telefonzelle erinnert an längst vergangene Tage, an denen die nötigen 20 Pfennig für ein Gespräch in der Hosentasche gesucht wurden. Die Roboter Petra und Peter führen den Besucher zu interessanten und einzigartigen Ausstellungsstücken. Ein Hauch von Nostalgie liegt in der Luft, wenn man hier gefühlt alle Taschenrechner der Welt hinter Glas bestaunen kann.

TIPP

Es lohnt sich, eine der vielen Themenführungen zu speziellen Aspekten der Dauerausstellung zu besuchen.

Auch dem Begründer des HNF Heinz Nixdorf wird mit einem Porträt aus Tastaturtasten die gebührende Ehre erwiesen. Auf die Idee zu dem Museum kam Nixdorf schon sehr früh, nämlich 1977, als er zum 25. Firmenjubiläum der Nixdorf Computer AG Geschenke in Form historischer Büromaschinen erhielt. 1983/84 kaufte er eine große Sammlung hinzu, und am 24. Oktober 1996 wurde das HNF schließlich durch den damaligen Bundeskanzler Helmut Kohl eröffnet.

Im Museum ist auch die Aktivität der Besucher gefragt, HNF veranstaltet jährlich den Robotikwettbewerb First Lego League: Dabei können Kinder und Jugendliche im Alter zwischen 10 und 16 Jahren ihr Wissen unter Beweis stellen. Das Programm wechselt jährlich, und das Ergebnis muss jeweils aus Legoteilen hergestellt werden. Selbst der Pokal, den die Gewinner erhalten, besteht aus Legosteinen. Seinem Begründer Heinz Nixdorf folgend, unterstützt das HNF auch den Nachwuchswettbewerb „Jugend forscht“. Seit 1965 hat man sich zum Ziel gesetzt, Talente der Jugendlichen zu fordern und zu fördern und ihnen Fächer wie Naturwissenschaften und Mathematik näherzubringen.

- Heinz Nixdorf MuseumsForum, Fürstenallee 7, 33102 Paderborn, Tel. (0 52 51) 30 66 00, www.hnf.de
- ÖPNV: Bus11 ab Paderborn Martin-Luther-Zentrum, Haltestelle MuseumsForum

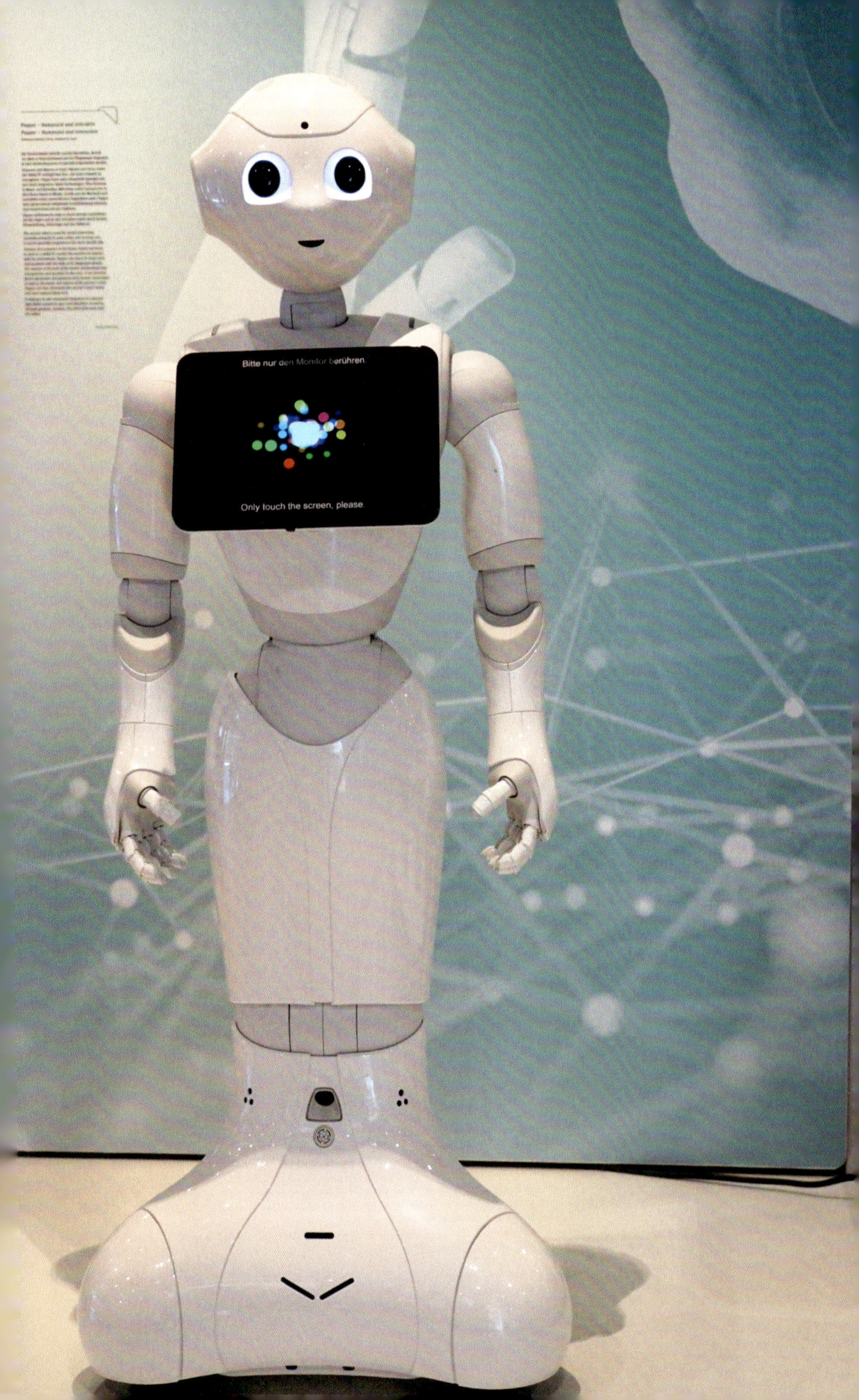
Bitte nur den Monitor berühren.
Only touch the screen, please.

Nostalgie pur

14 Das Universum Kino in Bünde

Beim Betreten des Universum Kinos in der Innenstadt von Bünde fühlt man sich in eine längst vergangene Zeit versetzt. Bei vielen älteren Besuchern werden sofort Erinnerungen an die Jugendzeit mit den ersten Kinobesuchen wach. Das Kino wurde bereits 1924 eröffnet und bietet Platz für 250 Personen. Mit viel Liebe gepflegt wurden die Vorhänge, ebenso die aus den 1950er-Jahren stammende Bestuhlung, sogar die originalen Dunstabzugsverkleidungen sind noch vorhanden. All diese nostalgischen Details schaffen Atmosphäre. Dienstags und sonntags werden Filme gezeigt, jede Woche ein anderer Film, und dienstags gibt es noch dazu Kino für Kinder. Die Bühne des Universums ist wie gemacht für ausgefallene Comedy-, Varieté- und Kabarettprogramme, und Bands lassen die noch relativ neue Tonanlage dröhnen. Bekannte Größen wie Torsten Sträter, Rüdiger Hoffmann und Jörg Knörr treten hier auf und bringen das Publikum zum Schmunzeln und Lachen. Außerdem gibt es im Universum Konzerte für Kinder und Kindertheater, A-capella-Musik und Konzerte.

Die Nostalgie, die hier überall mitschwingt, macht das Universum zu einem echten Glücksort. Wer hier Blockbuster erwartet, wird allerdings enttäuscht, denn gezeigt werden vor allem europäische und deutsche Filme. Aber wer das richtige Kinogefühl sucht, aus der Zeit, in der noch nicht jeder Haushalt einen Fernseher hatte, wird hier selig. Auf alle Fälle sollten die Karten im Vorverkauf bestellt werden, da die Veranstaltungen an der Abendkasse meist ausverkauft sind.

Zwischen 1981 und 2001, in der Zeit, als die VHS-Rekorder Einzug in die Wohnzimmer hielten, war das Kino geschlossen. Zum Glück wurde es aber nicht wie geplant in den 1990er-Jahren abgerissen, sondern 2001 wiedereröffnet – mit großem Erfolg. Und so bietet das Universum Kino auch heute noch ein tolles Erlebnis, ob auf der Leinwand oder auf der Bühne.

- Universum Kino Bünde, Hauptstraße 9, 32257 Bünde, Tel. (0 52 23) 17 88 88
www.universum.tv
- ÖPNV: Bus 646 ab Herford Bahnhof, Haltestelle Bünde ZOB

Hagen Rether
LIEBE
SCHMICKLER

Wochenmarkt für Genießer

15 Der Essbahnhof in Rietberg

Die Idee kommt ursprünglich aus dem Süden: ein Wochenmarkt unter Dach an fünf Tagen in der Woche. Familie Ebbesmeier bestückte bereits in vierter Generation an vier Tagen in der Woche verschiedene Wochenmärkte in Rheda, Wiedenbrück und Herzebrock. Da kam ihnen die zündende Idee, einen Wochenmarkt in einer schützenden Halle aufzumachen. 2018 war es dann so weit: Der Essbahnhof in der Rietberger Markthalle wurde eröffnet. Bei diesem besonderen Wochenmarkt stand Qualität schon immer an erster Stelle, und das ist bis heute so geblieben. Hier gibt es nur Köstlichkeiten von Partnern aus der Region, die mit aller Kraft und Liebe hinter ihren Produkten stehen. Immer wieder wurde das Sortiment erweitert. Die angelieferte Ware wird in drei verschieden temperierten Kühlhäusern zwischengelagert, um die Frische garantieren zu können. Neben dem Kauf von Frischware gibt es auch die Möglichkeit, vor Ort kleine, aber feine und kreative Köstlichkeiten zu genießen. Bei diesem Mittagstisch kann man zwischen drei bis vier kleinen Mahlzeiten aus der hauseigenen Zubereitung wählen. Dass es einfach super schmeckt, ist bei diesen hochwertigen und immer frisch servierten Zutaten keine Frage. Platz für die Mittagspause ist hier im Winter für 40 Personen, im Sommer kann auch zusätzlich draußen gespeist werden.

Zum Nachmittagskaffee locken die leckeren Kuchen, die häufig mit Früchten der Saison belegt sind. Wer hier einmal je nach Jahreszeit köstlichen Rhabarber-, Erdbeer- oder Pflaumenkuchen probiert hat, wird keinen anderen mehr essen wollen. Neben frischem saisonalem Obst und Gemüse gibt es auch heimische Fleisch- und Wurstwaren zu kaufen. Das Sortiment wird mit feinsten frisch gerösteten Kaffeesorten sowie Weinen aus Deutschland und der ganzen Welt abgerundet. Ein kleines Extra sind die tollen Tipps zu Zubereitung und Lagerung der verschiedenen Produkte, die es noch gratis dazu gibt.

- Essbahnhof – Markthalle Rietberg, Böckersstraße 26, 33397 Rietberg, Tel. (0 52 44) 9 75 84 15, www.essbahnhof.com
- ÖPNV: Bus 77 ab Gütersloh ZOB, Haltestelle Rietberg, Bahnhof

KÖNIGHAU

Outlet mit Wohlfühlfaktor

16

Bekleidung Fabrik Heiner Bessmann in Harsewinkel

Bei Bessmann findet man nicht nur Kleidung, sondern auch alte, sehr gut restaurierte Fachwerkhäuser, die aus der Region stammen und auf dem Bessmann-Gelände wieder neu aufgebaut wurden. In Sachen Bekleidung gibt es alles, was das Herz begehrt. Auf rund 7000 Quadratmetern Fläche ist vom Business-Outfit über Trachtenmode oder lässigen Alltagslook alles vorhanden, sogar Karnevalskostüme. Bekleidung für Skifahrer, Radler und andere Sportbegeisterte ist ebenso zu ergattern. Das Einkaufsparadies für die gesamte Familie lockt mit Angeboten in allen Preissegmenten. Mit ein wenig Glück macht man gar das eine oder andere Schnäppchen. Aber nicht nur Kleidung gibt es hier. Im Bauernladen bekommt man auch westfälische Spezialitäten. Freitags und samstags stöbern alle, die gern nähen, in einer riesigen Auswahl an Stoffen. Den Grundstein für die Firma legte übrigens 1898 der aus Greffen stammende Hermann Bessmann. Sein Sohn übernahm die Firma und gibt sie jetzt wiederum an die nächste Generation weiter, an seinen Filius. Neben dem Stammwerk in Harsewinkel gibt es weitere Outlets in Breitenworbis und Hessisch-Oldendorf. Aber in Harsewinkel-Marienfeld hat Familie Bessmann etwas ganz Besonderes für ihre Kunden geschaffen, das seinesgleichen sucht.

TIPP
Einmal im Monat gibt es auf dem Bessmann-Gelände einen Trödelmarkt.

Auf dem gesamten Areal findet man mehr als 20 wunderschöne Fachwerkhäuser, in denen kleinere Geschäfte oder Restaurationsbetriebe untergebracht sind. Nach dem Einkaufen lässt man es sich im hauseigenen Bistro mit täglich wechselnden Gerichten gut gehen, oder man genießt einen Kaffee und ein Kuchenstück im „Auszeit-bei-Sascha“ und lässt die Seele baumeln. Die adretten Fachwerkhäuser erstrahlen dazu im typisch westfälischen Ambiente. Für Kinder ist ein großer Spielplatz vorhanden, damit sie sich vor oder nach dem Einkauf auspowern können. Kostenlose Parkplätze in großer Anzahl sowie E-Auto-Ladestationen machen das Einkaufsglück perfekt.

- Bekleidung Fabrik Heiner Bessmann, Südfeld 47, 33428 Harsewinkel, Tel. (0 52 47) 8 00 51, www.bessmann.de
- ÖPNV: Bus 71 ab Gütersloh ZOB, Haltestelle Marienfeld Bessmann

BESSMANN
seit 1898

Magenkribbeln inklusive

17

Weser-Skywalk auf den Hannoverschen Klippen

Einen Skywalk vermutet man eher im Grand Canyon. Doch auch Ostwestfalen hat einen dieser spektakulären Ausgucke zu bieten, der einem tolle Ausblicke weit in die Landschaft und ein kleines bisschen Magenkribbeln beschert. 2011 wurde der Weser-Skywalk eröffnet. Seitdem ist der 25 Tonnen schwere Koloss, der durch neun Stahlpfähle mit bis zu 14 Meter Länge im Fels verankert ist, ein wahrer Besuchermagnet. Kein Wunder, denn hier oben in atemberaubender Höhe ist das Glücklichsein ganz einfach.

Zu erreichen sind der Skywalk und die Hannoverschen Klippen, die er überragt, entweder ganz einfach mit dem Auto oder – etwas aktiver – zu Fuß. Allerdings sollte man auf gut sitzendes und festes Schuhwerk achten und vielleicht auch etwas Übung als Spaziergänger haben. Zwei verschiedene Wege führen die Besucher zum Skywalk. Zum einen ist da der „Holzweg", der am Ortsende von Würgassen beginnt und viel Spannendes zu bieten hat. Hier gibt der Hirschkäfer „Klippi" an acht Haltepunkten viele nützliche und interessante Informationen über den Wald und seine Einwohner preis. Der andere Weg, von Bad Karlshafen kommend, führt über den etwas anspruchsvolleren 500 Meter langen „Klippensteig". Ganz gleich, welchen Weg man wählt, die Aussicht, die man dann von dem Skywalk erhält, ist grandios. Der Blick schweift über den Weserverlauf, so weit das Auge schauen kann. In der luftigen Höhe von etwa 80 Metern bietet sich die Aussicht auf den Reinhardtswald, die Abtei in Herstelle, auf Würgassen und auf Bad Karlshafen. Und die Weser, entstanden durch einen Kuss von Werra und Fulda, liegt wunderschön ruhig n der Tiefe vor dem Betrachter. Vorsicht ist allerdings geboten bei Höhenangst. Hier thront man nämlich vier Meter über den Klippenrand hinaus frei in luftiger Höhe, nur ein Geländer steht noch schützend zur Seite.

TIPP

Mit der Gierseilfähre auf das andere Ufer übersetzen und sich die Klippen von der anderen Seite anschauen.

- Weser-Skywalk, Am Friedenstal, 34385 Bad Karlshafen (rund 300 Meter vom Skywalk entfernt)
- ÖPNV: Bus 220 ab Beverungen ZOB An der Burg, Haltestelle Beverungen-Würgassen, Bürgermeister-Rox-Platz

Kleiner Ball ganz groß

18 Swingolf am Schloss Möhler in Herzebrock-Clarholz

Eingelocht? Aber sicher und das mit ganz viel Spaß und Freude. Auch das ist Glück, hier im wunderschönen Barockgarten von Schloss Möhler, wo sich eine der schönsten Swingolf-Anlagen Deutschlands befindet. Die gesamte Anlage umfasst neun Hektar. Beim Spielen geht es auch um die Begriffe „Par" und „Tee". Während Par die „Sollzahl"-Bezeichnung für die Anzahl der Schläge ist, die man im Idealfall für eine Spielbahn vom Abschlag bis ins Loch benötigt, versteht man unter „Tee" nicht etwa ein Getränk, sondern den kleinen Stift, auf den der Ball beim Abschlag gesetzt wird. Beim Swingolf wird nur ein Schläger, nämlich ein dreiseitiger, universell genutzt, und die Bälle sind größer als beim herkömmlichen Golf. Dafür sind aber auch die Löcher größer und leichter zu treffen.

Hier auf der schönen Anlage kann man sich eine kleine Auszeit vom Alltag nehmen und den Tag mit lieben Menschen genießen, eine große Portion Spaß und Spannung inklusive. Gleichzeitig bietet sich die Gelegenheit, sich mal wieder einen ganzen Tag in der Natur zu bewegen. Die 18 Bahnen, die maximal 300 Meter lang sind, liegen nah beieinander. Gut ausgeschildert lässt sich der Weg zum nächsten Abschlag leicht finden. Nach einer kurzen Einweisung und ein paar Übungsschlägen in ein eigens dafür vorgesehenes Netz kann es schon losgehen. Auch wenn natürlich der Spaß im Vordergrund steht, gibt es immer auch einen Anreiz zu gewinnen.

Wer eine kleine Pause braucht: Die Kulisse des faszinierend schönen Schlossgartens mit den wunderschön angelegten Blumenbeeten lädt zum kurzen oder auch langen Träumen ein. Ausruhen kann man sich zum Beispiel auf den vielen liebevoll gestalteten Picknickplätzen. Oder man nimmt Platz in einer kleinen Hütte direkt am Schlossteich und schaut den Schwänen beim eleganten Dahingleiten auf dem Wasser zu. Für das leibliche Wohl ist am Kiosk, an dem die Schläger verliehen werden, sowie am „Gesindehuis" gesorgt. Den Namen Möhler verdankt das Schloss übrigens seinem ursprünglichen Besitzer im 13. Jahrhundert, einem Ritter namens Modelare (Möhler).

- SwinGolf Schloss Möhler, Schloßallee 6, 33442 Herzebrock-Clarholz
  www.schloss-moehler.de
- ÖPNV: Bus 72.7 ab Gütersloh, Haltestelle Herzebrock-Clarholz, Möhler

Kloster der Sinne

19

Die Benediktinerabtei in Marienmünster

Noch heute ein bekannter Wallfahrtsort, hat die Benediktinerabtei eine bewegte Geschichte hinter sich: 1128 wurde sie als Sühnekloster vom Grafen von Schwalenberg gestiftet und im selben Jahr geweiht. In der Zeit des Dreißigjährigen Krieges wurden die Kirche und das Kloster zweimal überfallen, und durch Plünderungen lagen beide Gebäude 1646 in Schutt und Asche. Im Jahr 1661 begann der Wiederaufbau durch Abt Ambrosius Langen. 1679 folgte die Aufstockung des romanischen Vierungsturms. Schreitet man im Inneren auf den Altar zu, ist man fasziniert von den verschiedenen Baustilen, die es hier zu entdecken gibt. Es geht entlang der dunklen, reich verzierten Holzbänke zur Kanzel, die über den Bänken zu schweben scheint. Von hier aus hat man einen guten Blick auf den predigenden Pfarrer und kann seinen Worten lauschen.

TIPP
Aus Lenas Laden kleine Köstlichkeiten mit nach Hause nehmen.

Lauschen kann man auch einer der schönsten barocken Orgeln Westfalens, die hier in der Kirche ihren Platz gefunden hat. Die 1736–38 von Johann Patroclus Möller erbaute Orgel wurde 1966 und dann in den Jahren 2010 bis 2012 umfangreich restauriert, immer unter dem Aspekt des Denkmalschutzes. Sie ist wunderschön anzusehen mit ihren Pfeifen, die mit goldenen Verzierungen geschmückt sind. Nebenbei kann man den Blick über das beeindruckende Kirchenschiff schweifen lassen. Verlässt man die Kirche und geht in den Abteigarten, der 2014 neu gestaltet wurde, kann man sich gar nicht sattsehen an den hübsch angelegten Blumenarrangements. Hier kann man die Seele baumeln lassen. Der Abteigarten ist einer von vier Klosterorten auf dem „Weg der Stille", ein Wanderweg, der Marienmünster, Schwalenberg, Corvey und Brenkhausen miteinander vereint.
Die Abtei lädt auch regelmäßig zu Veranstaltungen ein, die vom Orgelkonzert bis zum Kabarettabend reichen. Direkt an die Abtei angrenzend findet man das Restaurant Klosterkrug. Sehr zu empfehlen ist dessen Wildbuffet in der Zeit von November bis Februar. Aber natürlich kann man sich auch einfach im Biergarten eine Kleinigkeit schmecken lassen.

- Abtei Marienmünster, Abtei 3, direkt an der B239, 37696 Marienmünster
  www.marienmuenster.de
- ÖPNV: Bus R91 ab Marienmünster-Vörden Busbahnhof, Haltestelle Abtei

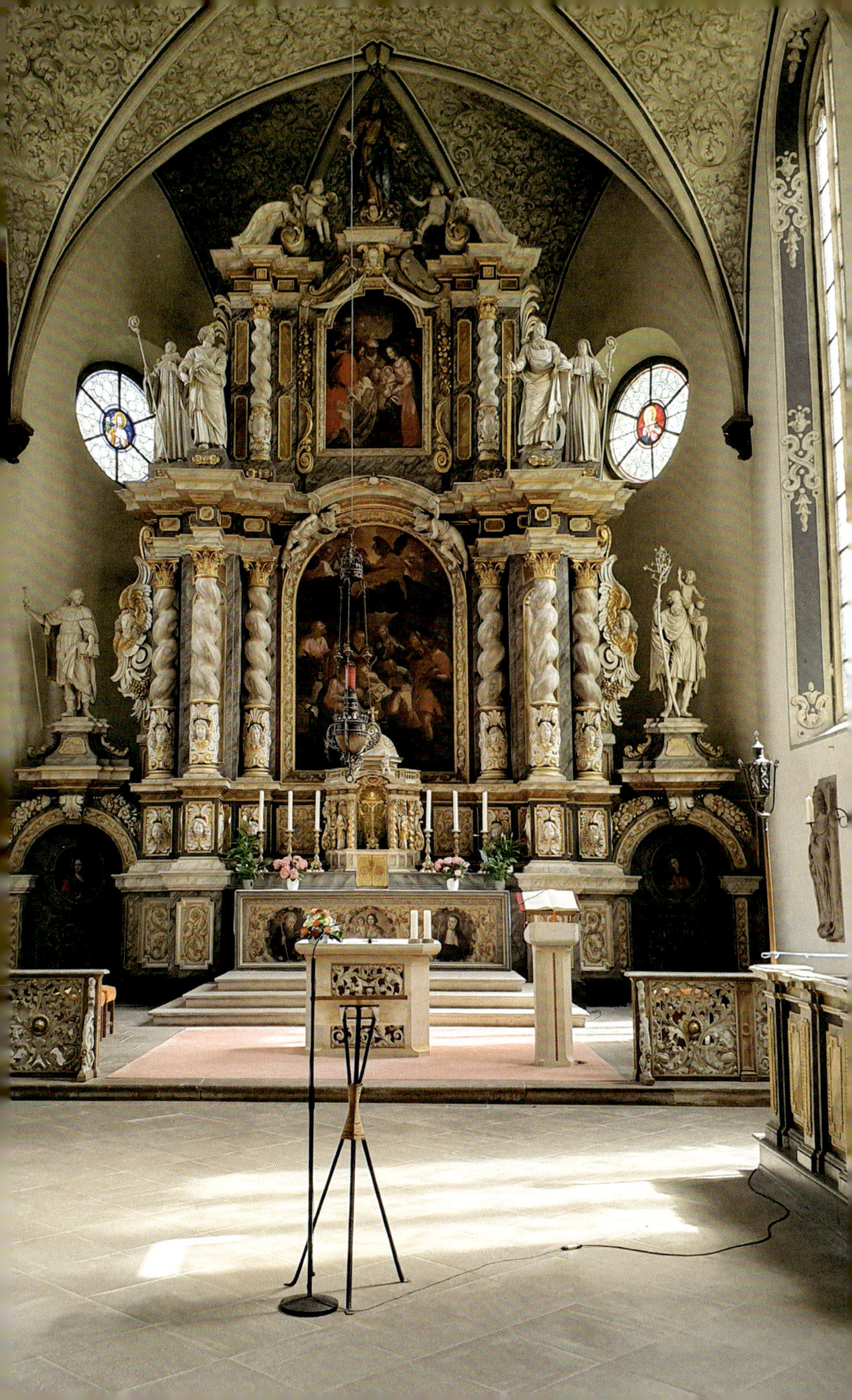

In den Wald eintauchen

20 Der Baumlehrpfad in Bad Oeynhausen

Die Woche war wieder hektisch und es blieb keine ruhige Minute, weil die Arbeit, die Kinder oder die anderen Aufgaben wichtiger waren? Dann aber ab zum „Shinrin Yoku“, das auf Japanisch so viel bedeutet wie „Baden in der Waldluft“. Damit ist nicht etwa ein Bad in einem See oder Fluss gemeint, sondern man sollte den Begriff ganz wörtlich nehmen: Beim Eintauchen in die Natur des Waldes kann man herrlich abschalten und bei sich selbst ankommen. Den Wald mit all seinen Bäumen, Blättern, Blumen und Beeren ganz bewusst und in vollen Zügen genießen, das ist wahres Glück! Es senkt die Stresshormone, sorgt für ein inneres Gleichgewicht und hat eine positive Auswirkung auf das Hormon-, Nerven- und Immunsystem. Schon Hermann Hesse bezeichnete die Bäume seinerzeit als Heiligtümer. Umarmt man einen Baum, kann man sich gedanklich fallenlassen. Versucht man durch die Blätter der Bäume den Himmel und die Sonne zu sehen, zaubert das ein Lächeln ins Gesicht. Einfach den Stamm betrachten und berühren, die Buchen-, Eichen- oder Ahornblätter durch die Finger gleiten lassen, sich auf den Boden legen und den Duft einatmen, eintauchen und sich entspannen, das ist die Leichtigkeit des Waldbadens.

Im Kurpark in Bad Oeynhausen bietet sich dazu die beste Gelegenheit. Dort gibt es einen Baumlehrpfad mit 42 ausgewählten Bäumen, die entdeckt und berührt werden wollen. Zwischen Wandelhalle und Kaiserpalais stehen 370 Jahre alte Eichen, und am Badehaus recken sich 170 Jahre alte Platanen in die Höhe. Insgesamt präsentieren sich hier über 200 verschiedene Baum- und Straucharten. Selbst solche Exoten wie Mammutbäume oder Ginkobäume sind darunter. Also ruhig einmal abtauchen in die Welt der Bäume und die Antworten in der Natur suchen und finden.

- Baumlehrpfad, Tourist-Information, Im Kurpark, Bad Oeynhausen, Tel. (0 57 31) 13 00
- ÖPNV: Bus B01 ab Bad Oeynhausen ZOB, Haltestelle Bali-Therme

Paradiesische Auszeit

21 Der Lippesee in Sande

Der in Sande, einem Ortsteil von Paderborn liegende See, heißt offiziell Talsperre Sander-Lippe. Ursprünglich floss die Lippe durch den See hindurch, im Rahmen einer aufwendigen Umflut wurde der Fluss aber 2005 um den See herumgeleitet, was unter anderem zur Verbesserung seiner Wasserqualität führte. Jetzt können Bachforellen und andere Fische auch unterhalb des Sees wieder fröhlich in der Lippe schwimmen und laichen.

Der 103 Hektar große Stausee wurde 1986 nach siebenjähriger Bauzeit in Betrieb genommen und ist im Besitz der Schlosspark und Lippesee GmbH. Er bietet eine große Vielfalt an Freizeitmöglichkeiten wie surfen, angeln, Tretboot fahren und Stand-up-Paddling. Oder man schließt sich einem der ortsansässigen Segelvereine an und legt sein Boot hier an den Steg. Eine Segelschule gibt es ebenfalls. Der Sandstrand im Norden des Sees ist hervorragend geeignet für Familien mit Kleinkindern, da das Wasser hier nicht sehr tief ist und die Kleinen wunderbar planschen können. Aufgrund der guten Wasserqualität lädt der See auch zum Schwimmen ein. Die Möglichkeit zum Wasserskifahren ist im gegenüberliegenden Nesthauser See gegeben.

Für Landratten hat das Naherholungsgebiet ebenfalls einiges zu bieten. Auf den knapp sieben Kilometer langen meist asphaltierten Wegen kann der See auch zu Fuß oder mit dem Rad umrundet werden. Der Grillplatz am Ostufer steht zur freien Verfügung, wer möchte, kann auch auf einem Mountainbikeparcour sein Können testen oder sich im Skatepark und auf der Minigolfanlage ausprobieren. Direkt am Café Seemöwe kann man mit Tret-, Ruder- oder Elektrobooten in See stechen. Für den Magen gibt es im Lokal leckere saisonale Gerichte, wer mag, kann aber auch Riesenfeuerwaffeln schlemmen.

TIPP

Im Bistro „Eisklang am Salitos-Beach" kann man von Olivenbäumen umgeben herrlich entspannen und genießen.

- Lippesee-Freizeitanlagen, Sennelagerstraße 66, 33106 Paderborn-Sande
www.lippe-see-freizeitanlagen.de
- ÖPNV: Bus 68 ab Paderborn Hbf., Haltestelle Sande, Schule

Lippesee

Essen wie „bei Muttern“

22 Die Bauernstube Schenken-Küche in Ovenhausen

Mitten im wunderschönen Weserbergland findet man die etwas versteckt liegende Bauernstube Schenken-Küche auf einer kleinen Anhöhe. Wer erst einmal die längere schmale Zufahrtsstraße den Kapenberg hinauf hinter sich gelassen hat und um die letzte Kurve gebogen ist, dem präsentiert sich das über 200 Jahre alte Anwesen in seiner vollen Pracht. Eine Atmosphäre wie zu Großmutters Zeiten erwartet die Besucher hier. Die Inhaberfamilie Böger hat den Charme des alten Fachwerkhauses durch viel Engagement und Arbeit wiederaufleben lassen. Alles wurde liebevoll restauriert und dekoriert. Die Wartezeit auf das leckere Essen können sich die kleinen Gäste auf dem hauseigenen Spielplatz verkürzen. Die Erwachsenen genießen dann die Ruhe und das Ambiente des wunderschön angelegten Biergartens mit den bequemen Bänken und den einladenden Tischen.

TIPP

Unbedingt die leckeren Waffeln mit Eis und Kirschen probieren.

In der heimeligen und gemütlichen Gaststube, aber auch im Biergarten kann man aus vielen schmackhaften Speisen wählen. Die Gerichte tragen dabei urige Namen wie zum Beispiel „Wilddiebimbiss“, „Husarenschmaus“ oder „Was Bonapartes Bote bestellt“. Wie sie auch heißen – sie sind immer eine wahre Gaumenfreude. In der „alten Küche“ kann man es sich bei knisterndem Holzfeuer im offenen Kamin gemütlich machen. Regelmäßig bietet die Schenken-Küche auch nach dem Motto „Essen wie vor 100 Jahren“ ein ganz besonderes Highlight an. Für Feierlichkeiten jeder Art gibt es außerdem drei Festsäle für bis zu 300 Personen. Ebenfalls sehr zu empfehlen sind die wechselnden Programme, egal ob interaktives Theaterstück, Kleinkünstler mit Parodien oder zu Weihnachten die vielen Geschichten und Lieder zum Mitsingen. An diesem Ort wird man einfach glücklich.

Die Schenken-Küche eignet sich hervorragend als Ziel einer Wanderung durch das sanft hügelige Weserbergland oder einer schönen Radtour entlang der Weser. Gut gestärkt ist man anschließend auf jeden Fall.

- Bauernstube Schenken-Küche, Kapenberg 6, 37671 Höxter Ovenhausen, Tel. (0 52 78) 8 89, www.schenken-kueche.de
- ÖPNV: Bus R90 ab Höxter Bahnhof, Haltestelle Ovenhausen, Feuerwehr

Eingang
Bauernstube

Wasser aus der Tiefe

23 Die Emsquelle in Schloss-Holte Stukenbrock

Jeder hat schon einmal die riesigen Kreuzfahrtschiffe bewundert, die nach ihrer Fertigstellung über die Ems von Papenburg in die Nordsee überführt werden. Dieser Fluss, an seiner Mündung bis zu vier Kilometer breit, lässt sich auf einer Streckenlänge von 238 Kilometern mit einem Schiff befahren. Der Ursprung der Ems liegt aber über 370 Kilometer weiter im Landesinneren in Schloss Holte-Stukenbrock im Ortsteil Stukenbrock-Senne. Aus mehreren kleinen Quellen sprudelt das Wasser dort aus dem Boden und wird dann zu einem glasklaren kleinen Bach. Diese Sickerquelle liegt am Rande des Naturschutzgebiets Moosheide und ist Ausgangspunkt für wunderschöne Wanderungen zu Fuß oder mit dem Rad. Hier inmitten der einzigartigen Natur kann man die Seele baumeln lassen, herrlich vor sich hinträumen und nebenbei dem Plätschern des Wassers lauschen.

TIPP
Die Wanderung rund um die Emsquelle sollte man sich keinesfalls entgehen lassen.

Das Emsquellwasser gilt übrigens als Glücksbringer und damit ist der Quellort tatsächlich ein wahrer Glücksort. In vergangenen Zeiten sagte man den Quellen nach, dass sie heilige Orte wären, wo göttliche Wesen lebten. Nicht zuletzt dieses Sagenhafte gibt der Emsquelle etwas Mystisches. Das kalte, klare Wasser kann man direkt, nachdem es aus dem Boden kommt, genießen. Auch Rollstuhlfahrer und gehbehinderte Personen können über einen Holzbohlenweg ungehindert direkt an die Quellen herankommen. Das Naturschutzgebiet Senne mit der Emsquelle lässt sich prima über den Ems-Erlebnisweg (Wanderweg A5) erkunden. Das Highlight dieses Rundwegs ist die Ems-Erlebniswelt und das Ems-Infozentrum. Dort erfährt man viel Wissenswertes über die Geschichte der Ems, von der Quelle bis zur Mündung. Am Infozentrum beginnt auch der Ems-Radweg, der bis in den hohen Norden nach Emden führt.

- Emsquellen, Infozentrum (Parkplatz), Emser Kirchweg, 33161 Hövelhof
- ÖPNV: Bus R20 ab Paderborn Hbf., Haltestelle Hövelhof, Bahnhof

Brot, das glücklich macht

24 Karlchen's Backstube in Bad Oeynhausen

„Wir backen Glücksmomente." So lautet der Slogan von Karlchen's Backstube. In Bad Oeynhausen ist die Backstube im ehemaligen Süd-Bahnhof untergebracht. Der die Filiale schmückende Name „Karlchen's Brotschaft" ist dabei nicht zufällig gewählt worden, sondern soll ausdrücken, dass die Bäckerei einen ganzheitlichen Ansatz hat und mit diesem Namen auch viel über Brot als eines unserer Hauptnahrungsmittel vermitteln möchte.

Eine ganz besondere Atmosphäre lässt sich in diesem Gebäude spüren. Das liegt zum einen an der Großzügigkeit des Raumes und zum anderen an der für die Kunden gut einsehbaren gläsernen Backstube. Man kann den Bäckern und Bäckerinnen dabei buchstäblich über die Schulter schauen und miterleben, wie sie köstliche Leckerbissen entstehen lassen. Eine Lounge lädt zum Verweilen und Genießen ein. Die stilvolle und fein aufeinander abgestimmte Ausstattung dieser Lounge und der gesamten anderen Räumlichkeiten vermittelt dem Besucher sofort ein behagliches Wohlgefühl. Der Ausbau wurde durch die hauseigene Tischlerei Ladenwerk durchgeführt, wobei natürlich die Pläne der Geschäftsführerin Simone Böhne perfekt umgesetzt werden konnten. Über 60 Sitzplätze laden zum Verweilen ein. Dazu kommen dann in der wärmeren Jahreszeit noch einige Außensitzplätze. Das Ambiente ist einzigartig, und die kleinen Fundstücke, die man auf dem Weg zum stillen Örtchen findet und käuflich erwerben kann, sind ein Traum.

TIPP

Unbedingt einmal die Pfeffer-/Salz-Brötchen probieren.

Es duftet nach frisch gebackenem Brot, nach Brötchen, Kuchen und Kaffee. Meistens jedoch bleibt es nicht bei einem Gericht, so lecker schmecken die immer frisch zubereiteten und qualitativ hochwertigen Leckerbissen. Das Angebot an frischen Backwaren ist sehr vielfältig. Es gibt auch immer wieder neue Kreationen, die unbedingt probiert werden sollten. Wer sich vor Ort verwöhnen lassen möchte, der kann unter verschiedenen schmackhaften Kuchen, lecker belegten Broten – warm oder kalt serviert – sowie Salaten und Suppen wählen.

● Karlchen's Backstube – Karlchen's Brotschaft, Weser Straße 11, 32547 Bad Oeynhausen, www.karlchens-backstube.de

● ÖPNV: Bus B01 ab Bad Oeynhausen ZOB, Haltestelle Bad Oeynhausen, Südbahnhof

WIR
BACKEN
GLÜCKS-
MOMENTE

Kunst im Grünen

25 Kloster und Schloss Willebadessen

Mitten im wunderschönen kleinen Örtchen Willebadessen liegt das 1801 erbaute Torbogenhaus. Es gehört zum Benediktinerinnenkloster, das im Jahre 1149 von dem Paderborner Bischof Bernhard I. von Oesede gegründet wurde. Nach einigen Besitzerwechseln übernahm 1977 die Stiftung Europäischer Skulpturenpark e. V. dieses weitläufige Fleckchen Erde, an dem es immer wieder etwas Neues zu entdecken gibt und das für eine kleine Auszeit zum Innehalten einlädt. Zum Jahreswechsel 2016/2017 ging das Kloster, wie bereits 1871, wieder an die Familie Freiherr von Wrede über.

Geht man durch das Torbogenhaus, eröffnet sich ein traumhafter Blick über den Skulpturenpark und das Benediktinerinnenschloss. Beim Entlangschlendern bietet sich die Gelegenheit, die verschiedenen Kunstwerke in aller Ruhe zu betrachten: Da ist beispielsweise eine Skulptur, direkt vor dem Schloss, die eine Familie und deren vertraute Zusammengehörigkeit zeigt. Die Figuren bilden einen Kreis und halten sich gegenseitig an den Händen. Die Skulpturen verteilen sich über den gesamten Park, sodass man regelrecht auf Entdeckungstour gehen kann.

TIPP
Unbedingt die wechselnden Ausstellungen besuchen!

Hat man den sieben Hektar großen Park erkundet, gibt es im Café Herzstück etwas Leckeres für den Gaumen. Der Name ist nicht zufällig gewählt, er ist Programm. Im gemütlichen Ambiente des im Jahre 1801 erbauten Hauses wird eine kleine, aber feine Auswahl angeboten. Ob hausgemachte Waffeln, selbst gebackener Kuchen, Flammkuchen, Windbeutel bzw. Sturmsäcke, wie sie hier regional genannt werden – hier ist alles einfach grandios köstlich. Wie schon angeschlagen ist man hier „Zu Gast bei Freunden", und so fühlt es sich auch an. Der Außenbereich bietet gemütliche und liebevoll gedeckte Tische und Stühle oder auch Liegesessel an. Bei einem leckeren Glas Wein oder Kaffee kann man hier herrlich genießen und die Seele baumeln lassen. Für Fahrradfahrer mit Motorunterstützung gibt es eine E-Bike-Ladestation, um nach den genüsslichen Gaumenfreuden frisch gestärkt weiter die Gegend zu erkunden.

- Skulpturenpark im Kloster, Klosterhof, 34439 Willebadessen
- ÖPNV: Bus R54 ab Bad Driburg (Westf.) Bahnhof, Haltestelle Willebadessen, Haus des Gastes

Reisen mit dem Gaumen

26 Rila Erlebnisgastronomie in Stemwede

Das Gelände rund um die Firma Rila-Feinkost ist ein einzigartiger Ort, der sich eigentlich aus vielen verschiedenen Glücksorten zusammensetzt. Auf einem Hügel, der durch den Aushub des nahe gelegenen, neu erbauten Hochregallagers entstanden war, genoss einst der Senior-Chef Helmut Richter den 360-Grad-Rundumblick. Dabei kam ihm die Idee, dass hier etwas Besonderes entstehen muss. So war der Grundgedanke für das heutige runde Restaurant Rotondo geboren. Im Untergeschoss des gläsernen Rotondo befindet sich die „Feinkostwelt", die kulinarische Produkte aus allen Ecken des Globus zum Kauf anbietet. Jede Ecke und jeder Winkel lässt die Liebe zum Detail erkennen. Die Steine im Gewölbekeller der Tapas-Bar „Cafayate", was so viel heißt wie „Dort, wo man die Sorgen vergisst", wurden extra aus Griechenland importiert und in reiner Handarbeit verbaut.

TIPP

Die Themenabende mit unvergleichlichen Köstlichkeiten sind fantastisch!

Im gesamten Bereich des Rilas gibt es drei offene Küchen. Hier kann man den Köchen beim Fertigstellen der Speisen zusehen. Darauf hat der Senior-Chef großen Wert gelegt. Hat er doch aus eigener Erfahrung in einem Land, dessen Sprache er nicht kundig war, immer auf die Speisen in den offenen Küchen, die im Süden üblich sind, gezeigt und bekam diese dann ohne viele Worte serviert.

Im Garten der Sinne entdeckt man immer wieder etwas Neues. Vielleicht liegt es auch daran, dass der Senior-Chef alle 1–2 Jahre einen neuen Garten kreiert. Ein Traum ist es, durch den japanischen Garten zu schlendern oder die Figuren der Affen und Giraffen im afrikanischen Garten anzusehen. Der griechische Garten lockt mit seinem Amphitheater, dem großen Koi-Teich und die griechische Taverne mit dem Namen „Asteraki Moy", was übersetzt bedeutet „Mein Sternchen", zum köstlichen Speisen ein. In Nick's Kinderpark gibt es auch für die Kleinen viel Großes wie die Seilbahn oder den Kletterpark zu entdecken. Im italienischen Garten lässt es sich wunderschön bei einem Glas Chianti oder leckeren Antipasti verweilen.

- Rila erleben, Hinterm Teich 9, 32352 Stemwede, Tel. (0 57 45) 94 52 00 www.rila-erleben.de
- ÖPNV: Bus 624 ab Preußisch Oldendorf bis Schröttinghausen/MI, Haltestelle Hinterm Bruch (rund 20 Minuten Fußweg)

Frischer geht's nicht

27 Die Forellenfarm in Hövelhof

„Klingeling", so hört sich die Klingel beim Betreten des Ladens an. In der Theke fallen einem sofort die wundervoll präsentierten, auf Eis liegenden, frischen Fische auf. Es gibt Bachforellen, Regenbogenforellen, Lachsforellen und Saiblinge. Ob es nun frischer oder geräucherter Fisch sein soll, muss jeder für sich selbst entscheiden. Schmecken tun sie alle. Vorzüglich mundet auch die Forellencreme, die aus geräucherter Forelle und Frischkäse zubereitet wird. Auch wenn der Weg dorthin etwas steinig ist, im Laden wird man herzlich empfangen und bedient. Und es gibt hier viel zu entdecken.

Der gelernte Fischwirtschaftsmeister Andreas Gutsche betreibt seit 1993 die Forellenfarm in der Emsquellaue und hat sich auf die Zucht von bestimmten Forellensorten festgelegt. Hier wird die Aufzucht von verschiedenen zugekauften Setzlingen betrieben. In der Senne bewirtschaftet er drei Aufzuchtbetriebe und verkauft lebende Fische an Hobbyteichwirte, Angelvereine und andere Angelbetriebe. Aber auch die Gastronomie in der Umgebung und Räuchereien werden mit seinen Fischen beliefert. Spezialisiert hat er sich auf Lachsforellen mit einem Lebendgewicht von vier bis sieben Kilogramm. Weiterhin betreibt er auch eine Räucherei. Die geräucherten Forellen werden dann im Hofladen verkauft.

„Petri heil" heißt es für Angler mit einem gültigen Jahresfischereischein. Seit dem Jahr 2000 können diese nach dem Kauf einer Tages- oder Halbtageskarte selbst in einem der vier Angelteiche nach Forellen fischen. Für Gruppen gibt es sogar die Möglichkeit, sich einen ganzen Teich für einen Tag zu mieten. Wer für seinen Teich zu Hause Welse oder Störe sucht, ist hier genauso richtig, wie derjenige, der ein paar Goldfische für seinen Gartenteich erstehen möchte. Nach bestem Wissen und Gewissen gezüchtet, werden die Fische gut verpackt, sodass der Weg in das neue Zuhause unbeschadet über die Bühne geht. Der Laden und die Angelteiche sind an 363 Tagen für Besucher und Kunden geöffnet.

TIPP
Wie wäre es mit einer leckeren Lachsforelle mit Knoblauch verfeinert?

- Forellenfarm in der Emsquelleaue, Bredemeiers Weg 33, 33161 Hövelhof, Tel. (0 52 57) 93 64 36
- ÖPNV: Bus 421 ab Hövelhof, Haltestelle Riege, Detmolder Straße

Unser Hermann

28 Das Hermannsdenkmal in Detmold

Wie ein Koloss steht er da mit seinen gewaltigen Ausmaßen. Es sieht aus, als ob er mit seinem Schwert die Wolken kitzeln möchte. Sein Blick ist nach Westen gerichtet. Er ist das Wahrzeichen des Teutoburger Waldes und bereits von Weitem sichtbar. Das Denkmal des Cheruskerfürsten ist die höchste Statue Deutschlands und zählt zu den bekanntesten Denkmälern und beliebtesten Ausflugszielen in Deutschland und Europa, wie die Besucherzahlen mit über 500.000 pro Jahr beweisen. Auf der Aussichtsplattform wartet mit der ultimativen 360-Grad-Fernsicht über Lippe ein unvergessliches Erlebnis!
Erbaut wurde die 42.800 Kilogramm schwere und mit Schwertspitze rund 27 Meter hohe Figur, die an den Sieg des germanischen Heers gegen die Römer in der Varusschlacht im Jahr 9 n. Chr. erinnern soll, zwischen 1838 und 1875. Eigentlich müsste das Hermannsdenkmal Arminiusdenkmal heißen, denn man nahm an, dass der Name des Cheruskerfürsten Arminius abgeleitet sei vom germanischen Heermann, „Mann des Heeres". Anfang des 16. Jahrhunderts wurde der Name eingedeutscht, und seitdem wird Hermann verwendet. Heute steht das Hermannsdenkmal als Mahnmal für den Frieden, die Völkerverständigung und Internationalität.

TIPP
Ideal ist das Kombi-Ticket für Hermannsdenkmal und Externsteine!

Einmal im Jahr wird der Hermann zum Leuchten gebracht. In einer faszinierenden Lasershow und einem 3-D-Videomapping wird Gänsehaut pur erzeugt. Die Videoeffekte, die einem manchmal den Atem stocken lassen, setzen den Hermann in Bewegung. Der Schwertwechsel ist nun kein Mythos mehr, er kann live erlebt werden. Sehr interessant sind auch die Führungen, die zum Beispiel die Möglichkeit bieten, einen Blick in das Innere der Statue zu werfen. Für das leibliche Wohl nach dem teilweise anstrengenden Anmarsch und der Besteigung des Denkmals mit seinen 100 Stufen sorgt das Restaurant mit Biergarten und Sonnenterrasse, auf der es sich wunderbar entspannen und genießen lässt.

● Hermannsdenkmal, Grotenburg 50, 32760 Detmold
www.hermannsdenkmal.de
● ÖPNV: Bus 792 (Wochenende) ab Detmold, Haltestelle Hermannsdenkmal; Bus 703 (werktags) ab Detmold, Haltestelle Kreuzweg (von dort kurze Wanderung)

Das lebende Schloss

29

Das Weidenpalais in Brakel-Rheder

Hier kann man unter grünen Dächern herrlich entspannen und seine Gedanken treiben lassen. Das Weidenpalais am Ufer der Nethe besteht, wie der Name schon sagt, aus Weiden, die in die Form eines Schlosses gebracht wurden. 30 Meter lang und zehn Meter hoch – das sind die imposanten Ausmaße dieses Palais. Die zwei Türme erinnern an den Westflügel des Schlosses Corvey in Höxter. Die große Kuppel ist der Veranstaltungsraum, der Platz für etwa 100 Gäste bietet. Kleine Bogengänge laden Kinder gerne zum Versteckspielen ein.
Begonnen wurde mit dem einzigartigen Bauwerk, das nach den Plänen des Schweizer Künstlers Marcel Kalberer entstanden ist, im Jahr 2012. Dabei wurde gänzlich auf den Einsatz von Maschinen verzichtet. Stattdessen errichtete man alles in reiner Handarbeit. Über 300 freiwillige Helfer aus der Umgebung sowie Teilnehmer von Jugend-Workcamps und erfahrene Experten arbeiteten Hand in Hand. Die Bauweise mit den Weiden ist dabei relativ einfach. Man gräbt Bündel aus Weidenruten in die Erde ein, formt diese nach und nach über ein Stützgerüst zu einer Kuppel und stabilisiert sie. Alles Weitere fügt die Natur.

TIPP
Im Garten der Parkscheune verweilen mit Blick auf das Weidenpalais.

Das kostenlos begehbare Weidenpalais ist zu jeder Jahreszeit ein Gedicht mit immer wieder anderen Lichtstimmungen. Im Sommer, wenn es in voller grüner Pracht steht, fühlt man sich wie unter einem festen Verdeck. Im Winter entfaltet sich eine ganz andere, eine heimelige Stimmung, die ebenfalls ihren besonderen Reiz hat. Auch für Hochzeiten oder andere Feierlichkeiten kann das Weidenpalais gemietet werden. Standesamtliche Trauungen werden hier ebenfalls wunderschön arrangiert. Das Catering kann dabei von der direkt angrenzenden Parkscheune mit Café und Biergarten übernommen werden. Leckeres Bier hält die Schlossbrauerei Rheder bereit, die ebenfalls direkt neben dem Weidenpalais ansässig ist. Die verschiedenen Biersorten lassen das Kennerherz höherschlagen. Der Besuch des Barockgartens und des englischen Landschaftsparks machen den Glückstag perfekt.

- Weidenpalais, Nethetalstraße 10, 33034 Rheder
- ÖPNV: Bus R72 ab Brakel Bahnhof, Haltestelle Rheder (Nethe) Kirche

Schmuckes Fachwerk

30

Der historische Dorfkern von Bockhorst

Wie in einer kleinen Puppenstube stehen sie da. Die hervorragend erhaltenen kleinen Fachwerkhäuser im Dorfkern des Bauerndorfes Bockhorst, das zu Versmold gehört und an der Grenze zu Niedersachsen liegt. Rund um die Kirche fühlt man sich zurückversetzt in längst vergangene Zeiten. Der von zahlreichen Fachwerkhäusern umgebene Kirchplatz schafft eine wunderschöne Stimmung. Die Kirche im romanischen Stil ist schon weit über 750 Jahre alt. Dort wurde auch das aus Eichenholz bestehende Kreuz mit dem Abbild von Christi, das sogenannte Triumphkreuz, aus dem 12. Jahrhundert gefunden. Dieses Kreuz kann heute im LWL-Museum für Kunst und Kultur in Münster bestaunt werden. Wenige Meter neben der Kirche findet man das Heimathaus mit dem Backhaus, und die historischen Meierhöfe sind ebenfalls zu besichtigen. Dort haben früher die Verwalter der Gutshöfe gelebt. In einem weiteren Fachwerkhaus findet sich das Restaurant „Emils-Wirtshaus“, indem es sich genüsslich speisen lässt. Als Gourmettempel hat es einen weiten Ruf über die Region hinaus. Wer es eher etwas rustikaler möchte, überquert die Straßenseite und lässt sich einen echten amerikanischen Burger oder ein reichhaltiges amerikanisches Frühstück im Restaurant „Route 68“ schmecken.

Einmal im Jahr wird rund um die Kirche der Bockhorster Spargelmarkt zelebriert. Dieses kulinarische Highlight rund um das königliche Gemüse ist immer ein starker Anziehungspunkt für alle Genießer, und das liegt sicher auch an der einzigartigen Atmosphäre im historischen Dorfkern. Zum Spargel gibt es frisch gebackenes Brot aus dem historischen Backhaus, das ist gleichzeitig eine Gelegenheit, alte Handwerkskunst zu bestaunen.

TIPP

Wer gerne mit dem Fahrrad unterwegs ist, kann Bockhorst auch gut über die BahnRadRoute Teuto-Senne erreichen.

- Dorfkern, Kirchplatz, 33775 Bockhorst
- ÖPNV: Bus 90 ab Bockhorst, Haltestelle Dorfstraße

Klein, aber oho!

31

Der Bienenlehrpfad im Kurpark Bad Meinberg

Aktive Naturschützer, Erntehelfer und zugleich fleißige Honigproduzenten – Bienen sind unendlich wichtig für die Natur und damit auch für uns Menschen. Sie sind nach den Rindern und Schweinen das drittwichtigste Nutztier, weil sie unser Obst und Gemüse vielfach bestäuben. Etwa 80 Prozent der heimischen Blütenpflanzen sind auf die Bestäubung durch die Insekten angewiesen. Die Leistung der Bienen sichert also Wachstum, Blüte und eine reiche Ernte. Sind sie auch noch so klein, Honigbienen sind immens wichtig und daher sollten wir Menschen auch etwas für die bräunlichen Wuschel tun. Dazu gehört zum Beispiel auch, im Garten möglichst viele blühende Pflanzen und Kräuter anzubauen.

Der Bienenlehrpfad im Kurpark von Bad Meinberg, 2013 als erster Lehrpfad seiner Art in der Region Lippe errichtet, leistet einen wertvollen Beitrag zum Schutz der kleinen Tierchen. Auf seinem knapp 800 Meter langen barrierefreien Rundweg, der direkt am Wohnmobilhafen in Bad Meinberg beginnt und endet, präsentiert er an sieben Stationen wichtige Informationen über die Welt der Honigbienen und ihre Funktion für den Menschen. Außerdem werden auf Infotafeln Möglichkeiten aufgezeigt, wie wir die Bienen bei ihrer wichtigen Arbeit unterstützen können. Auf dem Lehrpfad erfährt man auch allerlei Wissenswertes über den Honig der Bienen. Das Naturprodukt schmeckt nicht nur köstlich, sondern ist auch ein vielseitiges Hausmittel: Wer einen Teelöffel Honig pro Tag zu sich nimmt, kann seinen Cholesterinspiegel senken. Aufgrund seiner Vitamine und Mineralien ist Honig auch für das Herz und die Haut gut. Er wirkt entzündungshemmend und hilft schnell gegen Halsschmerzen.

Am Bienenlehrpfad gibt es eine schöne, große Wiese mit blühenden Blumen und Gehölzen, die den Bienen Nahrung bieten. Sich hier niederzulassen, um den Bienen in aller Ruhe beim Nektarsammeln zuzuschauen, das ist Glück!

TIPP

Kostenlose Führungen bietet Herr Brömelmeyer an, der als erfahrener Imker auch Ideengeber für den Lehrpfad war (Tel. (0 52 34) 9 87 08).

- Bienenlehrpfad, Wällenweg 50, 32805 Horn-Bad Meinberg
- ÖPNV: Bus 792 ab Detmold, Haltestelle Bad Meinberg, Kohlenberg

Bienenlehrpfad
LANDES
VERBAND
LIPPE
erhalten | fördern | gestalten

Gemütliche Bauernoase

32

Das Café im Hühnerstall in Marienfeld

Frisch gebrühter Kaffee aus Sammeltassen, köstlicher selbst gebackener Kuchen und das alles in einem urgemütlichen und liebevoll restaurierten Ambiente – das Cafè an der Lutter ist ein Traum. Das antike Mobiliar und die historischen Porträts an den Wänden versprühen den Charme des früheren Bauernlebens. Abgeteilte Nischen schaffen eine heimelige, private Atmosphäre für kleine Gruppen. Die Mitinhaberin Katrin Magnus ist die Seele des Cafés, und ihre Kuchen sind ein Gedicht. Hier sollte man jegliche Gedanken an eine Diät hinter sich lassen und unbedingt zugreifen. Die gelernte Köchin, die das Lokal gemeinsam mit ihrem Partner Josef Schürmann betreibt, sah sofort das Potenzial des alten Gebäudes und ging mit Feuereifer an die Sache. Und so wurde das Café 2011 eröffnet. Innen bietet es Platz für 25 Gäste. Bei schönem Wetter ist auch die Außenterrasse mit 30 weiteren Plätzen geöffnet. Auch die regelmäßig stattfindenden Aktionstage sind ein Publikumsmagnet.

TIPP

Ab 10 Personen werden auch in der Woche Köstlichkeiten serviert, ansonsten nur samstags und sonntags geöffnet.

Ursprünglich war das Café tatsächlich ein Hühnerstall, der zu einer bereits in der ersten Hälfte des 17. Jahrhunderts errichteten Hofstelle gehörte. In den Gebäuden direkt nebenan ist seit 1999 das Heimatmuseum untergebracht. Es eröffnet jedes Jahr am 1. Mai und zeigt in sechs Ausstellungsräumen unter anderem Werkzeuge und landwirtschaftliche Geräte von einst. Einige seiner Exponate schmücken auch das Café, sodass man beim Genießen und Entspannen auch immer das Arbeitsleben in früheren Zeiten vor Augen hat.

Wer sich in der wunderschönen Atmosphäre des „Hühnerstalls“ genug erholt hat, findet in der Nähe eine Alpakafarm mit mehr als 30 Tieren. Besucher dürfen die Alpakas sogar ausführen und mit den wolligen Schönheiten kurze Wanderungen unternehmen. Weiterhin gibt es das etwa neun Hektar große Hühnermoor, das älteste Naturschutzgebiet in Harsewinkel. Es eröffnet den Spaziergängern einen Lebensraum mit einer einzigartigen Fauna und Flora.

- Café im Hühnerstall, Lutterstrang 30, 33428 Marienfeld, Tel. (0 52 41) 34 01 75 www.cafe-huehnerstall.de
- ÖPNV: Bus 71 ab Gütersloh ZOB, Haltestelle Marienfeld, Bessmann (rund 1,5 Kilometer Fußwegin den Lutterstrang hinein)

Erholung pur

33 Die Bali Therme in Bad Oeynhausen

Mitten in Ostwestfalen-Lippe liegt ein Stückchen Indonesien mit seinem ganz besonderen Ambiente. Hier in der Bali Therme ist der perfekte Ort, um die Seele baumeln zu lassen und um für ein paar Stunden den Alltag zu vergessen. Egal, ob schwimmen in der Therme oder saunieren in einer der über zehn Saunen mit Temperaturen von 45° bis 110° C. Hier fühlt man sich wie im fernen Südostasien. Es gibt verschiedene Aufgüsse wie den Guten-Morgen-Aufguss, der einen guten Start in den Tag verspricht, oder den Frucht-Aufguss, bei dem Obst gereicht wird. Etwas ganz Besonderes ist die Pagoden-Sauna, die tatsächlich auf Bali entdeckt, dort vor Ort abgebaut und per Schiff abtransportiert wurde, um hier im Garten als exotisches Schmuckstück zu glänzen. Wenn im Außenbereich im Dunkeln Fackeln aufgestellt werden, ist im warmen Hauch und im anheimelnden Licht des Feuers Romantik angesagt. Hier kann man zwischen zwei Saunagängen auf bequemen Liegen oder auf sanft schaukelnden Wasserbetten entspannen und das Ambiente des traumhaften Saunagartens genießen. Eingekuschelt in die wärmenden Decken und mit unvergleichlich schönen Düften in der Nase hat man Gelegenheit, um wieder bei sich selbst anzukommen. Mittwochs gibt es übrigens ein spezielles Arrangement nur für Damen. Dann ist ein Teil der Sauna ausschließlich für weibliche Gäste bestimmt.

TIPP

Beim täglich angebotenen 30-minütigen Aqua-Fitness im Erlebnisbecken mitmachen!

Wer zwischen dem Relaxen Durst oder Appetit verspürt: Für das leibliche Wohl sorgen das Lovino-Bistro und das Sauna-Restaurant. Leckere Kleinigkeiten gibt es in desr Bali-Bar und in der Saunahütte im Saunagarten. Auch außerhalb des nassen Elements und der Saunen kann man etwas für sich und seine Figur tun: Im exklusiven Bali Health Club werden individuelle Kurse angeboten, um die persönliche Kondition aufzufrischen.

Ein Tag in der Bali-Therme ist wie ein Urlaubstag am Meer. Unbeschreiblich leicht fühlt es sich an, wenn man die Therme nach ein paar Stunden Abschalten und Genießen wieder verlässt. Und es war dann ganz bestimmt nicht der letzte Besuch in dieser schönen Anlage.

- Bali Therme, Morsbachallee 5, 32545 Bad Oeynhausen
www.balitherme.de
- ÖPNV: Bus B01 ab Bad Oeynhausen, Haltestelle Bali Therme

Biker-Hotel mit Herz

34

Die Tonenburg in Höxter-Albaxen

Geballte Pferdestärken und Motorengeknatter sind hier zu hören und zu sehen. Wie ein kleines Dorf wirkt das Gelände der Tonenburg, das Gesine Kramer und Pete Mackenroth seit 2013 betreiben. Die beiden, selbst begeisterte Biker, sind, wie sie selbst sagen, von der schönsten Stadt in die schönste Region gezogen. Gesine hat über 14 Jahre lang in Hamburg Motorradtrainings angeboten. Das führt sie seit 2015 auf der Tonenburg weiter. Für Einsteiger bietet sich das „Motorrad-Handling-Training" an, bei dem das Schieben des Motorrads, Gleichgewicht halten und die Blickführung geübt werden. Lehrreich ist aber auch der „Technikkurs", bei dem praktisches Wissen vermittelt wird. Beim „Training on the road" stehen das Kurvenfahren und das Gruppenfahren im Mittelpunkt.

Auf der mittelalterlichen Anlage der Tonenburg gibt es wirklich etwas für jeden Geschmack. Das Restaurant „Alte Brennerei" wurde liebevoll modernisiert und die Gastronomie um das Ackerhaus erweitert. Letzteres ist bei Motorradfahrern besonders gern gesehen und das Selbstbedienungskonzept wird gut angenommen. Auf Motorradtouren durch das Weserbergland ist die Tonenburg immer einen Besuch wert. Auf der Weserblick-Terrasse kann man seine Gedanken schweifen lassen und die Aussicht bei leckerem Kaffee und Kuchen oder auch Kaltgetränken genießen.

Für Kinder ist die Tonenburg der ideale Spielplatz. Hier dürfen sie nach Herzenslust toben, laufen und spielen und im hauseigenen Streichelzoo mit den Tieren kuscheln. Hochzeiten werden im König-Harald-Saal gefeiert, der bis zu 80 Gästen Platz bietet. Außerdem gibt es regelmäßige Musikveranstaltungen im Ackerhaus. Auch für Fahrradfahrer ist hier ein idealer Ausgangspunkt, Zwischenstopp oder Zielpunkt, da es eine direkte Zufahrt zum Weserradweg R1 und R99 gibt. Kanufahrer können sich über den burgeigenen Anleger an der Weser freuen. Auch Mountainbiker, Inlineskater, Wanderer und Walker kommen hier auf ihre Kosten. Das leckere Essen rundet diesen wahren Glücksort perfekt ab.

- Tonenburg GmbH & Co. KG, Thonenburg 1, 37671 Höxter-Albaxen, Tel. (0 52 71) 92 11 82 , www.tonenburg.de
- ÖPNV: Bus R21 ab Höxter Bahnhof, Haltestelle Albaxen, Friedhof

Ackerhaus
BMW
Franziskaner
Weissbier
Ackerhaus & Weserblick
Selbstbedienung
Corona
Extra
Kuchen
€ 2,80

Mitmachen ist angesagt

35 Das Ziegeleimuseum in Lage

Die historische Ziegelei am Stadtrand von Lage ist schon von Weitem durch den hoch aufragenden Schornstein zu sehen. 2001 wurde sie vom Landschaftsverband Westfalen-Lippe zum Museum umgestaltet. Woraus werden Ziegel gemacht und wie entsteht ein Rohling? Welche Geräte und Maschinen sind nötig und was passiert im Ringofen? Auch heute noch kann man an ausgewählten Tagen einmal im Jahr beim Herstellen der Ziegel zuschauen. Wer möchte, kann dann auch selbst Hand anlegen und sich seinen eigenen Ziegelstein gestalten, der im Ringofen gebrannt und dann einige Zeit später abgeholt werden kann. Gerade für Kinder ist dies ein großer Spaß.

Auch über die Geschichte der Ziegelei klärt das Museum auf: Der Betrieb wurde 1909 von Gustav Beermann und dem Sylbacher Bauunternehmer Friedrich Bobe gegründet. In den Anfangsjahren wurden die Ziegel noch hauptsächlich in reiner Handarbeit hergestellt. Der Abbau des Tons in der direkten Nachbarschaft geschah ebenfalls per Hand wie auch die Herstellung der Ziegelrohlinge. Erst 1922 wurde die maschinelle Fertigung mittels einer Dampfmaschine eingeführt. Durch diese technische Neuerung konnte die Produktion von Ziegeln jährlich von einer auf drei Millionen gesteigert werden. Doch die hohen Kosten für die Einführung der maschinellen Fertigung und der Kriegsausbruch brachten Probleme und so wurde die Produktion 1939 vorerst eingestellt. Erst nach Beendigung des Krieges wurde sie wieder aufgenommen. Durch den Wiederaufbau der durch den Krieg stark in Mitleidenschaft gezogenen Städte profitierte dann auch die Ziegelei. Gustav Beermann zog sich Ende der 1950er-Jahre aus dem Betrieb zurück und übergab den Staffelstab an seine beiden Söhne, die den Betrieb von Dampf- auf Dieselmotorkraft umstellten. In den Folgejahren führte man weitere technische Verbesserungen ein, und durch den noch immer steigenden Bedarf an Ziegeln wurden in den 1960er-Jahren auch die ersten italienischen Gastarbeiter beschäftigt. Da die Tonvorräte zur Neige gingen, wurde die Ziegelei Ende der 1970er-Jahre geschlossen.

- Ziegeleimuseum Lage, Sprikernheide 77, 32791 Lage, Tel. (0 52 32) 9 49 00
  www.lwl.org/industriemuseum/standorte/ziegeleimuseum-lage
- ÖPNV: Limo Lage, Rufbus ab Haltestelle Lage Bahnhof, Tel. (0 52 61) 6 67 39 50

Rennfeeling für jedermann

36

Kart 2000 in Kirchlengern

Weltmeister wie Michael Schumacher, Nico Rosberg oder Sebastian Vettel haben auch mal in einem Kart angefangen und damit den Startschuss für eine sagenhafte Karriere gegeben. Warum also nicht einmal hineinschnuppern in den Rennspaß auf einer der schönsten Kartbahnen Deutschlands. Hier in Kirchlengern stehen Fahrspaß und Sicherheit an oberster Stelle. Die neun PS starken SODI-Karts sind in bestem Zustand und mit breiten Reifen und einer hydraulischen Bremsanlage ausgestattet. Pedale und Sitzpositionen lassen sich für jeden Fahrer individuell einstellen. Helme kann sich jeder in seiner Größe ausleihen, sodass dem Fahrspaß nichts mehr im Wege steht. Nicht nur die Großen, auch Kinder ab einer Größe von 1,40 Meter dürfen ihr Können zeigen, allerdings in etwas kleineren und mit 4,5 PS schwächer motorisierten Karts.

TIPP
Ruhig einmal die heranwachsenden Rennfahrer ein paar Proberunden drehen lassen.

Jetzt wird das Lenkrad fest umfasst, der Fuß liegt nervös vor dem Gaspedal, Motoren heulen auf, und dann kommt endlich der Startschuss. Nun liegen 610 Meter Rennasphalt mit bestem Grip, rasanten Kurven, aber auch sicheren Auslaufzonen vor einem. Hier können sich Freunde, Kollegen oder Schüler gegenseitig auf der Strecke messen. Auch für Geschäftsleute ist so eine kleine Auszeit vom Alltag mit viel Spaß und Abschalten verbunden. So manches Firmenevent ist hier schon veranstaltet worden und hat für viel Freude unter den Teilnehmern gesorgt. Für Gruppen gibt es nach den Rennen sogar eine Siegerehrung auf den berühmten drei Treppchen.

Wer erst einmal genug verbranntes Benzin geschnuppert hat und seine Geschwindigkeit ein wenig drosseln möchte, nimmt sich eine kulinarische Auszeit. Um das leibliche Wohl der Besucher kümmern sich die Inhaber persönlich im „Fahrerlager“, dem Gastronomiebereich. In der Woche (bis auf montags) hat die Kartbahn ab nachmittags geöffnet, am Wochenende bereits schon ab 11 Uhr. Auch bei Dunkelheit ist das Fahren möglich, denn eine große Flutlichtanlage mit 18.000 Watt sorgt für gute Sicht.

- Kart 2000, Wallücker Bahndamm 13, 32278 Kirchlengern, Tel. (0 52 23) 78 92 23, www.kart2000.de
- ÖPNV: Bus 648 ab Herford Bahnhof, Haltestelle Kirchlengern-Südlengern, Buddenberg

DRIVE
DRIVE

Auf zur Kleinen Moosjungfer!

37 Das Hochmoor Hiddeser Bent

Auch ein Moor kann ein Glücksort sein. Zum einen ist es natürlich Lebensraum für viele stark gefährdete Pflanzen und Tiere, beispielweise bestimmte Libellenarten wie die Kleine Moosjungfer, zum anderen finden glücksuchende Wanderer hier eine Oase der Ruhe. Das Hiddeser Bent westlich von Detmold ist das letzte noch lebende Hangmoor in Ostwestfalen-Lippe. Diese Moorart wächst nach oben, wie der Name schon sagt den Hang hinauf, immer dem Wasser entgegen, das sich oben staut. Der Begriff „Bent" steht für ein torfhaltiges Moor. Durch den feuchten Regen, der sich über den Teutoburger Wald ergießt, entstehen sogenannte Torfmoose. Diese Pflanzen bilden Torf. Über die Jahre entwickelt sich somit eine bis zu zwei Meter dicke Torfschicht. Das Hiddeser Bent wird seit 1950 als Naturschutzgebiet geführt. Zusammen mit den Donoper Teichen hat es eine Größe von 119 Hektar. Das Moor liegt zwar inmitten von Bäumen, die Moorfläche selbst ist aber baumfrei. Ein Holzsteg führt den Besucher auf eine Aussichtsplattform. Von hier aus hat man einen wunderschönen Blick über Fauna und Flora. Hier befindliche Tafeln halten Informationen über das Moor und seine Geschichte bereit.

Als Rundwanderweg zu empfehlen ist die Klima-Erlebnis-Route, auf der man viel Wissenswertes über die Entstehung der Moore und den Klimawandel erfährt. Dieser Weg führt von Augustdorf nach Hiddesen und präsentiert dabei zwölf sogenannte Erlebnispunkte. An diesen Punkten bekommt man Interessantes über Wetter, Klima und Moore anschaulich dargestellt. Sehr erlebnisreich und informativ! Nach der Wanderung kann man es sich im Restaurant „Forstfrieden" gut gehen lassen und aus der reichhaltigen Speisekarte Köstlichkeiten genießen. Selbst in Ostwestfalen gibt es frische Matjes, die in diesem Restaurant auch mal auf eine andere, sehr schmackhafte Art zubereitet werden.

- Hiddeser Bent, Parkplatz Hermannsweg, Lopshorner Allee, 32760 Detmold-Hiddesen
- ÖPNV: Bus 703 ab Detmold Bahnhof, Haltestelle Hiddesen, Sternschanze

Reisen wie vor 100 Jahren

38 Die Museumseisenbahn in Minden

Ein Hauch von Nostalgie liegt in der Luft, wenn die Pfeife des Schaffners ertönt. Es ist eine der historischen Eisenbahntouren, die monatlich mindestens einmal stattfinden. Entweder geht es von Minden zum Bergwerk Kleinenbremen oder zur Schnapsbrennerei Behrens nach Hille. Im Wartesaal der Träume, original erhalten von der Mindener Kreisbahn aus dem Jahr 1898, wartet man geduldig auf das Einsteigen und die Abfahrt. Der gemeinnützige Verein Museums Eisenbahn Minden e. V. wurde 1977 gegründet und seitdem kümmern sich seine Mitglieder darum, diese nostalgische Art der Fortbewegung aufrechtzuerhalten und damit die Erinnerung an Urgroßvaters Zeiten zu bewahren. Es gibt zwei Standorte, die von dem Verein betrieben werden. Einmal der Hauptstandort Minden-Oberstadt auf der früher genutzten Bahnstrecke der Köln-Mindener-Eisenbahn, die einst von Hannover nach Berlin führte, und den Standort in Preußisch Oldendorf. Das Ende der Dampflokära und die Umstellung auf Dieselloks in den 1950/-60er-Jahren wird in Preußisch Oldendorf anschaulich an einer dort stationierten Kleinbahn dargestellt. Um die erste Epoche der deutschen Eisenbahngeschichte noch einmal aufblühen zu lassen, hat man in Minden-Oberstadt den unter Denkmalschutz stehenden Preußenzug restauriert und ihm hier ein neues Zuhause gegeben. Dieser mit Dampf betriebene Zug hatte zwei- und dreiachsige Personenwaggons in den preußischen Farben lackiert: erste Klasse blau, zweite Klasse grün, dritte Klasse braun und die vierte Klasse grau. Die vierte Klasse wurde allerdings 1928 abgeschafft. Die dritte und vierte hatten im Inneren Holzbänke, die erste und zweite Klasse dagegen Polstersitze.

In Minden wartet außerdem ein wunderschönes und mit viel Liebe aufbereitetes Museum, das die Besucher vor oder nach den Zugfahrten einlädt, die Geschichte der Eisenbahn neu zu entdecken. Sehr beliebt sind Kombifahrten: einen Weg mit dem Zug und einen mit dem Schiff über die Weser.

TIPP

Die Nikolausfahrten sind legendär und immer sehr beliebt. Fahrkarten unbedingt vorbestellen!

● Museums-Eisenbahn Minden e. V., Bahnhof Minden-Oberstadt, 32402 Minden, Tel. (05 71) 2 41 00
www.museumseisenbahn-minden.de

UNION-GIESSEREI
1912
F. No 1974
KÖNIGSBERG I/Pr.
Luftdruckbremse
[Knorr m. Z. u. P-G]

Mystische Felsen

39 Die Externsteine in Horn-Bad Meinberg

40 Meter hoch ragen die denkmalgeschützten imposanten Sandsteinfelsen in den Himmel empor, die einerseits wie eine Urgewalt und andererseits wie von Menschen geschaffene Steinkunstwerke erscheinen. Wie gewaltige und einzigartige Zeugen vergangener Geschichten erheben sie sich in dem 127 Hektar großen Naturschutzgebiet. Ihre rätselhafte Besonderheit haben auch schon unsere Vorfahren, zum Beispiel die Germanen, erkannt und diese Stätte zu einer Kultstätte erkoren. Später wurden die Steinsäulen begehbar gemacht, und es entstanden die Grotte, ein offenes Felsengrab und die Höhenkammer mit der Altarnische als Nachbildung der heiligen Stätten in Jerusalem. Inzwischen sind die Externsteine zu einem der beliebtesten Ausflugsziele in Ostwestfalen geworden. Jährlich werden sie von bis zu einer halben Million Menschen besucht. Zu bestimmten Kalenderterminen, vor allem am 1. Mai, in der Walpurgisnacht und zur Sommersonnenwende, finden hier vor Ort große Feiern statt. Im 2011 eröffneten Infozentrum wird alles Wissenswerte über die Steine präsentiert. Junge Besucher können an einem Externsteine-Parcour teilnehmen, auf dem Spiel- und Rätselstationen für einen vergnüglichen und kurzweiligen Besuch sorgen.

TIPP

Den schönsten Blick auf die Steine hat man, wenn man hinter dem See steht.

Entstanden sind die Externsteine vor 70–80 Millionen Jahren durch die Verschiebung von Gesteinsschichten, die schließlich die Türme hinaufschoben. Wasser hat diesen Gebirgszug langsam ausgewaschen, und aus dem Gletschereis bildeten sich diese imposanten Formationen. Das gesamte Gebilde besteht aus fünf Hauptfelsen, die teilweise durch eine Brücke verbunden sind. Das auffälligste am vierten Felsen ist der sogenannte Wackelstein, der inzwischen aber mit Metallbändern festgezurrt ist und am Fuß einbetoniert wurde. Glaubt man den alten Geschichten, sollte der Wackelstein auf Feinde des Ortes herabgeworfen werden. In direkter Nachbarschaft zum Infozentrum liegt die Gaststätte „Felsenwirt", in der man sich nach der Besteigung der Felsen wieder stärken kann.

- Externsteine, Parkplatz Externsteiner Straße 33, 32805 Horn-Bad Meinberg, Tel. (0 52 34) 2 02 97 96, www.externsteine-info.de
- ÖPNV: Bus 782 ab Detmold Bahnhof, Haltestelle Horn, Abzweig Externsteine

Leckeres Brot wie früher

40 Brotbacken in der Rürupsmühle in Löhne

„Vom Korn zum Brot", das ist der Name des 1980 gegründeten Vereins, der den Mühlenhof Rürupsmühle unterhält. An den Samstagen der Arbeitswochenenden zeigen die Vereinsmitglieder den Besuchern, wie das Dreschen, Mahlen und Backen in früherer Zeit funktionierte. Diese Vorführungen verstehen sich als lebendige Volkskunde, die hautnah den Prozess von der Getreideernte bis zum fertigen Brot zeigen, wie er von alters her bis zum Ende des 19. Jahrhunderts üblich war. Am Sonntag können die Besucher im Rahmen des „Tages der offenen Tür" die Mühlenanlage besichtigen. Zu sehen gibt es dabei Dreschvorführungen, das Reinigen des Korns mit der Kornschwinge, das Mahlen des Korns in der 400-jährigen Mühle und natürlich das Brotbacken im über 150 Jahre alten Backhaus. Nach dem Backen gibt es dann das leckere Brot auch zum Probieren. Als Belag kann man zwischen Schmalz, Honig oder Marmelade wählen.

Um die anfallenden Arbeiten und die Pflege der Gebäude und Anlagen kümmern sich Mitglieder und Freunde des Vereins auf ehrenamtlicher Basis. Die alten Fachwerkhäuser sind alle liebevoll restauriert und bieten ein eindrucksvolles Erscheinungsbild an dem Mühlenteich. Als Besucher fühlt man sich wie auf einer Zeitreise ins Mittelalter.

TIPP

Unbedingt im Garten neben dem Teich sitzen und ein leckeres Schmalzbrot probieren!

Die Häuser standen nicht immer hier am Mühlenteich. Ursprünglich befand sich das Backhaus auf dem Hof Wiebesiek in Vlotho-Valdorf. Es wurde 1981 abgebaut und 1983 wieder neu aufgebaut. Die Einweihung war ein Jahr später. Der Fachwerkspeicher, in dem das Brennholz für den Backofen gelagert wird und der heute auch als Aufenthaltsraum für Besucher dient, stand ursprünglich in Bennien bei Spenge und wurde 1997/1998 wieder am Mühlenteich errichtet. Der Backofen wurde originalgetreu nachgebaut und 1999 in Betrieb genommen. Das 1727 erbaute reetgedeckte Bauernhaus ist das älteste hier ansässige Haus. Heute ist die Rürupsmühle die einzige Mühle im Kreis Herford, die noch durch Wasserkraft angetrieben wird.

- Mühlenhof Rürupsmühle, Unter der Burg 43, 32584 Löhne
  www.ruerupsmuehle.de
- ÖPNV: ab Löhne-Gohfeld, Bus 438, Haltestelle Eigenheimstraße

Ein Fest für die Sinne

41

Der Rietberger Landesgartenschaupark

2008 war die Landesgartenschau in Rietberg auf dem 40 Hektar großen Gelände zu Hause. Auch wenn seitdem einige Jahre vergangen sind, gibt es hier im Gartenschaupark unendlich viel zu entdecken. Blühende Beete mit Tulpen, Nelken und Rosen, in Tropfenform angeordnet, sind das Empfangskomitee am Eingang „Historischer Stadtkern / Mitte". Mit einem großen Spielplatz, einem Klettergerüst und einem Sandkasten werden auch die Kleinen freudig erwartet. Die grünen Wiesen laden zum Picknick ein. Mit einer Decke und einem guten Buch unter dem Arm kann man hier schöne gemütliche Stunden in der Sonne genießen. Für Kinder gibt es den Wasser-Matsch-Bereich, für die Eltern die Strandkörbe nebenan, um immer ein Auge auf ihre Sprösslinge zu haben. Am anderen Ufer des Sees, auf dem man auch Tretboote ausleihen kann, steht ein 18 Meter hoher Aussichtsturm, den es zu erklimmen gilt. Übernachten kann man in einem der sieben Camping-Pods oder in den zwei Hexenhäuschen, das sind kleine schnuckelige aus skandinavischer Fichte gefertigte Holzhütten, mit den Namen nahe gelegener Orte versehen. Im hinteren Bereich dieser Hütten stehen zwei Doppelbetten, im vorderen laden Sitzmöglichkeiten zum Verweilen ein. Wer es sich abends noch gemütlich machen möchte, kann eine Grillkota, eine achteckige Holzhütte mit einem Grill in der Mitte, dazubuchen und leckeres Essen vom Grill in gemeinschaftlicher Runde genießen. Gebucht werden kann beides über die Tourismus-Info.

TIPP

An Sonn- und Feiertagen kann man sich mit dem Shuttlezug „Rieti-Express" ganz gemütlich durch den Park chauffieren lassen.

Der Park greift in seiner Gestaltung verschiedene Themengebiete auf, so gibt es zum Beispiel den Klimapark, eine Minigolfanlage oder eine bespielbare Orgel in dem Bereich „Musikzimmer". Betritt man den Park vom Eingang „Neuenkirchen/Nord", wird man von einem Wasserspielplatz empfangen, der gerade an heißen Tagen für angenehme Abkühlung sorgt. Weiter an Klettergerüsten, Trampolinen und überdimensionalen Bausteinen vorbei, gibt es den 23 Meter hohen Rutschenturm, an dem es in drei verschiedenen Röhren auf abenteuerliche Weise nach unten geht.

- Gartenschaupark Rietberg, Torfweg 53, 33397 Rietberg
  www.gartenschaupark-rietberg.de
- ÖPNV: Bus 77 ab Gütersloh ZOB, Haltestelle Rietberg ZOB

Radeln auf Schienen

42 Draisinentour von Rinteln ins Extertal

Auf der stillgelegten 18,1 Kilometer langen Bahnstrecke im Lippischen Bergland geht es mit elf Meter Steigung je 1000 Meter fast nur bergauf. Das vergisst man aber schnell, denn an der landschaftlich reizvollen Strecke durch das Extertal entdeckt man immer wieder etwas Interessantes. Startpunkt ist der Draisinenbahnhof in Rinteln. Nach einer kurzen Einweisung beginnt die abenteuerliche Fahrt. Die vierrädrige Draisine bietet Platz für bis zu vier Personen, wobei sich aber nur zwei davon sportlich betätigen können. Der Antrieb erfolgt wie bei einem Pedelec mit elektrischer Unterstützung. Die anderen beiden Fahrgäste nehmen in der Mitte der Draisine Platz und lassen sich bequem chauffieren. Doch vorsichtig: Man muss etliche Stoppschilder beachten, Schranken öffnen und wieder schließen und mehrere Straßen mit Ampelanlagen überqueren. Unterwegs laden an elf Haltestellen Lokale, Picknickplätze und Wanderwege zu einer Pause ein. Kommt man auf dem höchsten Punkt der Strecke an, erwartet die Draisinenfahrer kühles Nass. Der Eintritt ins Freibad Alverdissen ist sogar in den Fahrkarten inbegriffen, ein Grund mehr, dort im Sommer so richtig zu entspannen. Für das leibliche Wohl gibt es einen kleinen Kiosk. In der Regel wird um 14 Uhr für alle Streckennutzer die Richtung geändert, und dann heißt es bergab fahren. Das macht richtig Spaß. Jetzt kann man die Draisine zum größten Teil rollen lassen und den schönen Ausblick genießen. Für die Hinfahrt sollte man etwa drei Stunden einplanen. Die Steigung lässt nur eine durchschnittliche Geschwindigkeit von sechs Stundenkilometern zu. Etwa doppelt so schnell geht es zurück, und man kommt nach rund 1,5 Stunden wieder am Draisinenbahnhof an. Neben den beliebten Tages- und Abendfahrten werden auch spezielle Ausflüge wie die „Candlelight-Fahrt“ zum Abend oder „Draisine und Pferdestärke“ angeboten. Für noch mehr Spannung und Spaß können gegen ein Pfand Spiele für die Pausen ausgeliehen werden.

TIPP
Gutschein für eine Draisinentour verschenken!

- Draisinen-Bahnhof, Extertalstraße 35, 31737 Rinteln-Exten, Industriegebiet Süd, Tel. (0 57 51) 40 39 88, www.draisinen.de
- ÖPNV: Bus 816 ab Rinteln Bahnhof, Haltestelle Rinteln, Externtalstraße

Glück in der Stille

43

Steinhorster Becken in Delbrück-Steinhorst

Ein Idyll für Wasservögel mitten im Delbrücker Land: Dieses 83 Hektar große, künstlich angelegte Naturschutzgebiet war ursprünglich das Überschwemmungsgebiet der Ems bei Hochwasser. 1972 beschloss man, im Steinhorster Bruch ein Wasserrückhaltebecken zu bauen, damit man die Wasserstände in den der Ems nachfolgenden Städten Rietberg und Rheda-Wiedenbrück bei Hochwassergefahr regulieren konnte. Bei der Planung stellte man schnell fest, dass sich teilweise seltene Wasservögel in diesem künstlich geschaffenen Gebiet sehr wohlfühlten. Schnell wurde klar, dass man hier ein Biotop errichten musste. Das Steinhorster Becken entstand 1986 bis 1990 als das größte vom Menschen geschaffene Biotop in Nordrhein-Westfalen. Die Gesamtfläche beträgt 140 Hektar, 36 Hektar davon sind Wasserflächen, 21 Hektar umfasst die Schilfzone, und 18 Hektar beanspruchen die Nasswiesen für sich. 1991 wurde das Becken zum Schutzgebiet erklärt.

Es ist wunderschön, neben den heimischen Graureihern auch Kraniche, Kormorane, Fischadler und einige Möwenarten beobachten zu können. Weißstörche nisten ebenfalls in diesem Areal auf dafür vorgesehenen Masten. Sehr gut kann man die Vögel vom Beobachtungsturm im westlichen Bereich des Naturschutzgebietes sehen. In etwa sieben Meter Höhe hat man einen grandiosen Blick auf die Wasserflächen. Aber nicht nur für die Tierwelt ist dieses Gebiet ein Segen, auch verschiedene Pflanzen, die in Feuchtgebieten leben, haben hier ein neues Zuhause gefunden.

Zu Fuß kann das Steinhorster Becken auf einem ausgewiesenen Weg umrundet werden. Wer Glück hat, kann vielleicht auch einem Fischadler beim Fang seines Abendessens aus nächster Nähe zuschauen. Nach dem kleinen Spaziergang kann man sich vorzüglich im nahe gelegenen Bauernhofcafé Brinkmeier in der Neubrückstraße 19 verwöhnen lassen. Selbst gebackene Kuchen und Torten sowie herzhaft-deftige westfälische Spezialitäten warten nur darauf, probiert zu werden.

TIPP

Unbedingt im Café die typische westfälisch-lippische Spezialität, den Pickert, probieren!

- Steinhorster Becken, Parkplatz Neubrückstraße / Westerwieher Straße, 33129 Delbrück
- ÖPNV: Bus 77 ab Rietberg ZOB, Haltestelle Neuenkirchen, Kirche; Bus 76, Haltestelle Westerwiehe, Ziegelei

Dem Himmel so nah

44 Die Himmelsleiter in Marienmünster

Geht oder fährt man den Europaradweg R1 entlang, so liegt auf der Höhe von Marienmünster direkt am Weg ein ganz besonders schöner Ort der Stille: die Himmelsleiter. Alleine der Name ist schon traumhaft. Sieben Kreuze in den Farben Grün wie Gelassenheit und Statik, Blau wie Ferne, Sehnsucht und Klarheit, Lila wie Einsicht und Tiefgründigkeit, Hellblau wie Harmonie, Rot wie die Liebe, Orange wie Neugier und Lebensfreude, Gelb wie die Sonne – so sind sie hintereinander aufgestellt. Die Kreuze wirken wie ein Weg in den Himmel. Inspiriert durch die Himmelsleiter der Graf von Pückler und Limpurg'sche Wohltätigkeitsstiftung im baden-württembergischen Gschwend entstand dieser schöne Glücksort. Das Grundstück dafür wurde kostenlos von der Stadt Marienmünster zur Verfügung gestellt und wird seitdem von der jeweiligen Firmgruppe gepflegt. Als 2014 die damalige Firmgruppe im Rahmen der Firmvorbereitung mit der Gemeinschaftsaktion begann, stand aber bei ihrer Himmelsleiter nicht der Tod und damit das Ende des irdischen Lebens im Vordergrund, sondern genau das Gegenteil. Die Leiter steht dafür, dass es immer aufwärts geht im Leben, auch wenn es in manchen Situationen gerade nicht so scheint. Die bunten Querbalken sollen die Hindernisse darstellen, die unseren Weg kreuzen. So wie die Kreuze sind auch die Querbalken mal größer und mal kleiner. Ohne Zweifel, unsere Lebenspläne werden immer wieder durchkreuzt. Das Wichtige daran ist, wie wir damit umgehen, zu welchem Ergebnis wir kommen und wie die gemachten Erfahrungen unsere Sicht auf das Leben verändern.
Neben den Kreuzen lädt eine Bank zum Picknick, aber auch zum Insichgehen ein. Hier kann jeder noch einmal in Ruhe die Himmelsleiter betrachten und über ihre Bedeutung, bezogen auf das eigene Leben, nachdenken.

● Himmelsleiter, Parkplatz an der Schulstraße, rechts ab Richtung Eilversen, 37696 Marienmünster
● ÖPNV: Bus R90 ab Höxter Bahnhof, Haltestelle Marienmünster-Eilversen

Im Höhenrausch

45 Der „grenzenlos Klettergarten“ in Gütersloh

Mit einem Rollstuhl in einem Klettergarten Spaß haben geht nicht? Oh doch, in Gütersloh im „grenzenlos Klettergarten“ ist dies seit 2015 möglich. Die 3000 Quadratmeter große Anlage befindet sich unter freiem Himmel und ist sternförmig aufgebaut. Mittendrin steht der fünf Meter hohe Jakobsturm. Hier gibt es genügend Gelegenheiten, seine Grenzen auszutesten und sich selbst herauszufordern. Höhenangst und ein mulmiges Gefühl in der Magengegend sind schnell vorbei, wenn man erst einmal merkt, wie viel Spaß das Klettern macht.
Geöffnet hat der Hochseilgarten für jedermann immer sonntags von 13 bis 18 Uhr. Es gibt 30 Elemente, die über verschiedene Zugänge erreichbar sind. Auch die Kletterrichtung kann gewechselt werden. Kinder, Jugendliche, Erwachsene, ob allein oder als Familie – jeder kann sich hier ausprobieren und seinen individuellen Kletterstil finden. Wer sich nicht sicher ist oder sich doch nicht so ganz traut, dem hilft das pädagogisch geschulte Team gerne weiter. Die Trainer nehmen einem die Angst und spornen gleichzeitig die Teilnehmer an, über ihre eigenen Grenzen hinauszugehen!
Fest steht auf jeden Fall: Es ist ein unvergessliches Erlebnis hier zu klettern und seine persönlichen Ziele zu erreichen oder sogar zu übertreffen. Hier gibt es das ganz besondere Abenteuer in einer Höhe von drei bis fünf Metern. Bei dem Kletterspaß wird schnell deutlich: Zusammenhalten und ein Team bilden ist das Wichtigste. Nur dann überwindet man alle Grenzen. Dass es hier um mehr geht als den reinen Klettersport, das macht diesen Ort zu einem wahren Glücksort. Nicht ohne Grund steht auf der Internetseite das folgende Zitat von Henry Ford: „Zusammenkommen ist ein Beginn, zusammenbleiben ist ein Fortschritt, zusammenarbeiten ist ein Erfolg.“

TIPP

Freitags und samstags kann im Klettergarten auch Kindergeburtstag gefeiert werden.

- grenzenlos Klettergarten, Rhedaer Straße 212, 33334 Gütersloh, Tel. (0 52 41) 4 00 98 41, www.spi-grenzenlos.de
- ÖPNV: Bus 207 ab Gütersloh, Haltestelle Aulenkampsweg, Bus 79 ab Rheda-Wiedenbrück, Haltestelle Kiebitzstraße

Dinosauriers letzte Ruhe

46

Der Lattbergturm bei Entrup

Nahe dem 376-Seelen-Örtchen Entrup steht ein ganz besonderer ganzjährig geöffneter Aussichtsturm, der einen unbeschreiblich schönen Blick auf den Teutoburger Wald und bei guter Sicht sogar auf das Hermannsdenkmal bietet. Auf der 21 Meter hohen Aussichtsplattform kann man die Weite erfahren. Auch wenn man sich in dieser Höhe befindet, ist es doch ein Ort um „runterzukommen“, bei sich sein. Hier vergisst man den Alltag um sich herum und genießt die atemberaubende Aussicht.

Neben dem Hungerbergturm in Vörden und der Finnstädte bei Nieheim reiht sich auch der Lattbergturm ein in die zwischen 1832 und 1834 vom preußischen König in Auftrag gegebene Telegrafenlinie. Bis 1849 war er die Station Nummer 31 der insgesamt 550 Kilometer langen Linie, die von der Berliner Sternwarte bis zum Schloss Koblenz verlief. Sie bestand aus insgesamt 62 Stationen, die etwa acht bis zehn Kilometer voneinander entfernt lagen und jeweils mit einem Telegrafisten besetzt waren. Die Nachrichten wurden codiert durchgegeben und konnten nur in Koblenz oder Berlin mithilfe von Dechiffrierbüchern entschlüsselt werden. Damals war es also extrem aufwendig, Nachrichten zu versenden. Heute kann man sich nicht mehr vorstellen, dass eine Nachricht mit 200 Wörtern zwölf Stunden benötigte. Es lohnt sich, die 111 Stufen des Turms zu erklimmen. Auf den einzelnen Etagen sind Tafeln angebracht, die die Besucher mit weiteren Informationen versorgen.

Der Turm bietet aber auch noch eine weitere Besonderheit: Seit 2015 schmückt „Toni“, ein 185 Millionen Jahre alter Schwimmsaurier, einen Teil der Innenseite des Turms. Das 4,5 Meter lange versteinerte Skelett des Plesiosauriers, der hier im früheren Jura lebte, wurde 2007 aus dem Tontagebau bei Nieheim-Sommersell geborgen. In Münster im Landesmuseum Westfalen-Lippe fachmännisch präpariert, fand es hier im Turm seine neue Ruhestätte.

- Lattbergturm, Neuer Weg, 33039 Nieheim-Entrup
- ÖPNV: Bus 572 ab Nieheim ZOB, Haltestelle Entrup, Kirche

Entspannen und durchatmen

47

Das Gradierwerk in Bad Salzuflen

Eine frische Meeresbrise weitab vom Meer? In Bad Salzuflen, am bekanntesten Wahrzeichen der Stadt, dem 2007 eröffneten ErlebnisGradierwerk, ist dies zu jeder Jahreszeit möglich. Aus knapp 1000 Metern Tiefe kommt die Sole, die das Gradierwerk außen wie innen berieselt. Beeindruckend groß erhebt es sich am Eingang zum Kurpark. Von Bänken umgeben, lädt es die Besucher zum Durchatmen ein. Etwa 600.000 Liter Sole aus drei Bad Salzufler Quellen rieseln jeden Tag über die Wände aus Schwarzdornästen. Durch das zu feinstem Nebel zerstäubte Wasser entsteht ein Klima als wäre man direkt am Meer. Ursprünglich dienten die Gradierwerke der Salzgewinnung. Heutzutage nutzt man sie aber hauptsächlich zur Immunstärkung der Besucher. Die Aerosole sollte man tief und kräftig einatmen. Menschen mit Problemen in den Atemwegen merken schon nach wenigen Atemzügen eine deutliche Verbesserung der Symptome.

TIPP

Unbedingt den Rosengarten zwischen Kurpark und Fußgängerzone besuchen!

Wer wieder frei durchatmen und seiner Lunge etwas Gutes tun möchte, sollte auch die Sole-Nebelkammer besuchen. Diese liegt im Inneren des Gradierwerks, das zu den modernsten in Europa gehört. Bei leiser Musik und schönen Lichteffekten kann man hier wunderbar auf den Bänken entspannen. Durch den Solenebel ist die Sicht stark eingeschränkt, so kann man sich umso besser auf sich selbst konzentrieren. Die Haut ist anschließend schön weich, und die Lunge hat eine Frischzellenkur erhalten.

Nach dem Besuch der Nebelkammer kann man noch einen grandiosen Rundumblick von der Aussichtsplattform auf das Gradierwerk, über den Kurpark und auf die alte Bad Salzufler Bäderarchitektur der umliegenden Häuser genießen. Für Wissbegierige werden auch Führungen durch das Gradierwerk angeboten. Nach der kleinen Atempause darf man sich dann noch in einem der umliegenden bezaubernden Cafés einen guten Kaffee mit einem köstlichen Stück Kuchen gönnen. Damit ist der Wellness-Glückstag perfekt.

- Gradierwerk Bad Salzuflen, Parkstraße, 32102 Bad Salzuflen, Tel. (0 52 22) 18 30 www.staatsbad-salzuflen.de/sole-kneipp/gradierwerke
- ÖPNV: Bus 943 ab Bad Salzuflen ZOB, Haltestelle Kurgastzentrum

BAD
SALZUFLEN
THERMALB

Regional genießen

48

Der Hofladen Klemme in Kalletal

Bunte Hähne, braune und weiße Hühner, Enten und Gänse empfangen die Besucher bereits bei der Auffahrt. Mit wildem Gegacker laufen sie über den großzügigen Hof, der sich etwa sechs Kilometer von der Weser entfernt am nördlichen Rand des „Lipper Hügellandes" befindet. Sobald man die 500 Jahre alte Anlage mit den sechs Fachwerkhäusern, dem Bruchsteinhaus, der Kornscheune, der Wassermühle, den Stallgebäuden, den Wagenremisen und dem Backhaus betritt, fühlt man sich in eine längst vergangene Zeit versetzt. Alle Gebäude sind noch original erhalten und stehen unter Denkmalschutz. Der alte Lehmofen des Backhauses wird auch heute noch in Gang gesetzt, um köstliche Brote, Stuten und Kuchen zu backen, die dann im Hofladen verkauft werden. Begonnen hatte der Verkauf vor vielen Jahren mit Eiern. Später kamen immer mehr Erzeugnisse hinzu, bis ein kleiner Laden im hinteren Teil des Gebäudes entstand.

TIPP

Die Köstlichkeiten können auch per Post nach Hause geliefert werden!

Betritt man den Hofladen, wird man herzlich empfangen. Es duftet köstlich nach Brot und Wurst. Hier gibt es von Eiern über Marmelade, Sirup, selbst Eingelegtes und Eingemachtes, bis hin zum Fleisch, alles was das Herz begehrt. Wildschweinbraten, Mettenden und Wurst lassen das Wasser im Munde zusammenlaufen. Seit 35 Jahren wird hier gute Qualität angeboten, weil alles aus der Region kommt und nach Omas Rezepten zubereitet wird. Auch das Vieh wird noch selbst geschlachtet. Selbst angebaut und geerntet werden Gerste, Roggen, Weizen, Raps, Zuckerrüben, Lein und Mais.
Wer keine Lust hat, mühevoll und stundenlang in der Küche zu stehen, um gute Hausmannskost genießen zu können, kauft diese einfach hier ein. Hier gibt es lecker schmeckende Eintöpfe aus Steckrüben oder Grünkohl, Gerichte wie Gulasch, Königsberger Klopse oder Tafelspitz, die daheim ganz fix erwärmt werden und doch wie hausgemacht schmecken.

- Hofladen Klemme, Dalbke 3, 32689 Kalletal, Tel. (0 52 64) 3 98
  www.hofladen-klemme.de
- ÖPNV: Bus 733 ab Lemgo Bahnhof, Haltestelle Dalbke, Tierpark

HERZLICH
WILLKOMMEN
HOFLADEN
KLEMME

Herrlicher Barockgarten

49

Schloss Neuhaus in Paderborn

Wunderbar anzuschauen ist der bis ins kleinste Detail nach historischen Dokumenten neu angelegte englische Garten, der sich hinter dem Schloss Neuhaus befindet. Im Volksmund wird er schlicht Barockgarten genannt. Als Vorlage für diesen beeindruckenden Garten diente ein Bestandsplan, den der damalige Hofgärtner Phieliep Sauer 1790 gefertigt hatte. Da dieser aber leider nur als wenige Zentimeter große Skizze existierte, erforderte seine Umsetzung im Rahmen der Landesgartenschau 1994 ein ganz besonderes Geschick. Das Ergebnis ist einzigartig: Mit Buchsbaum eingefasste Blumenbeete und weiße Kieselflächen bilden die barocken Ornamente. Von einer Erhöhung mit fließendem Wasser kann man die gesamte bunte Blumenpracht genießen.

Das im 16. Jahrhundert im Stil der Weserrenaissance erbaute Schloss wurde ebenfalls zur Landesgartenschau 1994 grundlegend renoviert und beherbergt heute unter anderem das Residenzmuseum sowie das Museum für Naturkunde und Kunst. Ursprünglich diente es als Sitz der Fürstbischöfe. Das Prachtgebäude gilt als eines der bedeutendsten Wasserschlösser Westfalens.

TIPP
Unbedingt das grüne Klassenzimmer im Auenpark besuchen!

Für diejenigen, die noch genauere Einzelheiten über das Schloss und seinen Barockgarten erfahren möchten, bietet die Tourist-Information auch Führungen an. Von Mai bis Oktober findet jährlich der Schlosssommer mit einer Vielzahl an kulturellen Veranstaltungen statt. In der Adventszeit ist der Schloss Neuhäuser Weihnachtszauber unbedingt einen Besuch wert. Dann werden unter einem großen glitzernden Stern im Schlosspark die liebevoll geschmückten Stände aufgebaut, die überwiegend ein handgefertigtes Warensortiment und viele kulinarische Köstlichkeiten anbieten. Der Duft von Mandeln, Gewürzen, Waffeln und Glühwein verführt die Nase und wärmt Herz und Magen. Da werden Glücksgefühle wach. In den Sommermonaten laden direkt am südlichen Eingang zum Schloss an der Residenzstraße zwei Eiscafés zum Schlemmen ein.

- Schloss Neuhaus, Residenzstraße, 33104 Paderborn-Schloss Neuhaus
www.schlosspark-paderborn.de
- ÖPNV: Bus 8 ab Paderborn Hbf., Haltestelle Schloss Neuhaus

Bei den Königen der Lüfte

50

Die Adlerwarte in Berlebeck

Den Adler, das am weitesten verbreitete Wappentier weltweit, kann man in Berlebeck in seiner ganzen Pracht bestaunen. Die Tiere werden dabei nicht nur in Volieren gehalten, sondern sitzen teilweise auch angeleint im Park und können aus nächster Nähe betrachtet werden. Es finden täglich mehrere Vorführungen statt. Hier können bis zu 160 Zuschauer den Greifvögeln bei ihren Flügen zuschauen. 46 verschiedene Arten von Greifvögeln beherbergt die Adlerwarte. Wenn man so, in seine Gedanken vertieft, dem Flug der Adler zuschaut, kann es schon einmal passieren, dass sich ein imposantes Tier direkt auf dem Kopf des nichtsahnenden Zuschauers niederlässt. Sehr zur Freude der übrigen Zuschauer. Natürlich kennen die Vögel diesen besonderen Trick durch häufiges Training und haben dadurch die Scheu vor den Menschen verloren. Ein Nervenkitzel bleibt es natürlich trotzdem. Und jeder denkt wahrscheinlich für sich: „Hoffentlich setzt er sich nicht auf meinen Kopf."

In der Adlerwarte, die 1939 von den Eheleuten Kati und Adolf Deppe gegründet wurde und heute der Stadt Detmold gehört, werden jedes Jahr über 200 verletzte Greifvögel aufgenommen, aufgepäppelt und wieder ausgewildert. Die Vogelwarte diente bereits in einigen Spielfilmen als Kulisse. Unter anderem wurde hier „Die Geierwally" gedreht. Dieses und sehr viel mehr Wissenswertes über die wunderschöne Anlage und über die lehrreiche Geschichte der Falknerei erfährt man im Informationszentrum. Ein kleiner Shop bietet Souvenirs an als Erinnerung an die Flugstunden, die für Groß und Klein ein beeindruckendes Erlebnis sind. Wann kommt man diesen riesigen Vögeln schon einmal so nah?

Für eine Stärkung zwischendurch lädt ein kleines Restaurant mit leckeren Gerichten ein. Nach dem Besuch der Adlerwarte wollen dann die kleinen Besucher bestimmt noch auf dem Spielplatz herumtollen und dem Streichelzoo mit Ziegen, direkt vor dem Eingang der Adlerwarte gelegen, einen Besuch abstatten.

TIPP

Unbedingt das Video aus Sicht des Adlers ansehen und dabei die Vogelperspektive teilen.

- Adlerwarte, Hangsteinstraße, 32760 Detmold-Berlebeck, Tel. (0 52 31) 4 71 71 www.detmold-adlerwarte.de
- ÖPNV: Bus 701 ab Detmold Bahnhof, Haltestelle Berlebeck, Adlerwarte

Erfrischende Fußgymnastik

51 Am Wassertretbecken in Oerlinghausen

Wer gerne wandert, freut sich bestimmt – vor allem im Sommer – über eine kleine unerwartete Erfrischung. In Oerlinghausen zwischen dem Naturfreundehaus Bielefeld und dem Tönsberg wird man fündig, denn dort liegt ein besonders lauschiges Wassertretbecken. Es erhält sein angenehm kühles Wasser durch die Quelle des Schnatbaches, die auch Sachsenquelle genannt wird. Das Becken ist ein Ort der Stille und Ruhe. Von hier aus hat man einen grandiosen Blick auf das Oerlinghauser Tal. Für Wanderer ist es Luxus pur, sich hier mitten im Wald ausruhen zu können!

Eine genaue Beschreibung, wie das Wassertreten nach Sebastian Kneipp funktioniert, ist in der Nähe des Beckens abgebildet. Dann heißt es Schuhe und Socken ausziehen und ab ins kühle Nass. Bis zu den Knien reicht das Wasser, und es ist ein Glücksgefühl für die Füße, die sich im kühlen Nass frei bewegen dürfen. Im Storchengang geht man hier hin und her und genießt das Wohlgefühl. Das Wassertreten regt den Kreislauf an und wirkt sich förderlich auf die Durchblutung aus. Einmal wieder bei sich sein und zur Ruhe kommen, das fällt an diesem zauberhaften Ort nicht schwer. Auf der Bank, die zum Ausruhen aufgestellt ist, steht in großen Buchstaben geschrieben: „Seele und Beine baumeln lassen“ und genau das muss einem hier nicht zweimal gesagt werden. Auch eine ergonomisch geschwungene, angenehme Relaxbank aus Holz lädt ein, sich hier etwas länger niederzulassen und das Leben und diesen Ort zu genießen.

Etwas unterhalb des Wassertretbeckens, fußläufig zu erreichen, gibt es den kleinen Amazonas: ein kleiner Fluss, der an seiner breitesten Stelle ein Paradies für Kinder ist. Hier ist man tatsächlich im Herzen der Natur angekommen. Die Kinder können hier gut beaufsichtigt im seichten Wasser nach Herzenslust planschen, während es sich die Erwachsenen beim Plausch oder mit einem Buch gemütlich machen. Dieser Ort lädt einfach zum Picknicken und Verweilen ein.

- Wassertretbecken an der Sachsenquelle, Piperweg (Parkplatz Welschenweg), 33813 Oerlinghausen, www.lipperland.de
- ÖPNV: Bus 939 ab Lage-Hörste, Markt, Haltestelle Oerlinghausen, Welschenweg

Mit Vollgas voraus!

52

Die Rennstrecke Bilster Berg in Bad Driburg

Es liegt eine gehörige Portion Benzin in der Luft, wenn man bei einem der offenen Rennen am Bilster Berg auf der großzügigen Ostschleifenterrasse steht. Von hier aus genießt man einen sagenhaften Rundumblick und erlebt das Fahrgeschehen direkt an der Start- und Zielgeraden. Die Strecke ist 4,2 Kilometer lang und bietet 19 interessante Kurven, die jeden Fahrer dazu einladen, sein Können zu testen. Hier gibt es viel zu entdecken. Vor allem aber ist es möglich, den Bilster Berg auch für Events zu buchen, auf Wunsch auch mit einem hervorragenden Catering von Marcus Schuster Gastronomie. Egal, ob auf der Ostschleifenterrasse, in den Boxen oder im Fahrerlager, es gibt hier in der Regel immer die Möglichkeit, einen Plausch mit den Fahrern abzuhalten und dabei den ein oder anderen Tipp zu bekommen. Auch die Autos, die gerade noch auf der Strecke ihre Runden fuhren, können hier aus der Nähe bestaunt werden.

TIPP

Der Bilster Berg bietet sich auch für Betriebsfeiern, Präsentationen oder Autokino an.

An bestimmten Veranstaltungen ist auch das Fahren für jedermann mit dem eigenen, straßenzugelassenen Fahrzeug möglich. Außerdem gibt es Sportfahrertraining, bei dem professionelle Fahrlehrer über den Tag hinweg Tipps und Feedback geben und den interessierten Fahrern beim Vorausfahren die Ideallinie zeigen. Bei allen Rennsituationen wird hier auf die Sicherheit und auf die Einhaltung einer bestimmten Lautstärke geachtet. Für alle Fahrzeuge gibt es Grenzwerte, die es einzuhalten gilt.

Bis zu Beginn der 1990er-Jahre diente der Bilster Berg der NATO-Rheinarmee als Munitionslager und als Lager für explosive Stoffe. Nach dem Abzug der Truppen kam die Idee auf, hier eine moderne Rennstrecke zu errichten. Allerdings vergingen bis zur Eröffnung des Bilster Berges am 1. Juni 2013 noch einige Jahre, und es bedurfte der Mitwirkung der Rennlegende Walter Röhrl und des international tätigen Rennstreckenplaners Hermann Tilke, bis diese außergewöhnliche Strecke realisiert werden konnte.

- Bilster Berg, Bilster Berg 1, 33014 Bad Driburg, Tel. (0 52 53) 9 73 90 00 www.bilster-berg.de
- ÖPNV: Bus R83 ab Steinheim Bahnhof, Haltestelle Nieheim ZOB

Hyundai
Driving Experience

Göttlich speisen

53 Restaurant „Glück und Seligkeit“ in Bielefeld

Zum Zeitpunkt der Eröffnung im Jahr 2005 war das „Glück und Seligkeit“ einzigartig in Deutschland. Denn noch nie zuvor hatte man eine Kirche in dieser Größe vollständig zu einem Gastronomiebetrieb umgebaut. Dafür wurde die im 19. Jahrhundert im neugotischen Stil errichtete und um die Wende zum 20. Jahrhundert eingeweihte Martini-Kirche 2005 vollständig saniert. Heute kann dort in fünf verschiedenen Bereichen gespeist werden. Hierzu gehören natürlich der große Saal, der Altarbereich, die Empore, die Terrasse mit Biergarten und das „Glückskind“.

Hier zu essen ist Genuss pur für alle Sinne. Der massive Backsteinbau mit seinen gotischen Elementen und den bleiverglasten Fenstern im Chor, die in den 1930er-Jahren von dem Künstler Hellmut Assmann gestaltet wurden, hat sich viel von seiner Ursprünglichkeit bewahrt. In dieser einzigartigen Kulisse zu sitzen, der Lichtinszenierung zu folgen und der individuell ausgewählten Musik zuzuhören ist ein besonderes Erlebnis. Kein Wunder, dass dieser wunderschöne Ort neben dem „Nichtschwimmer“, das ebenfalls unter der Führung von Joachim Fiolka steht, 2016 vom Falstaff Bar- und Spiritsguide zu den besten Bars in Deutschland gezählt wurde. Die vielfältige Speisekarte bietet Gerichte für jeden Geschmack, die extra von Pizzabäckern, Patisseuren oder Köchen an der Wok-Station zubereitet werden. Ob das Frühstücksbuffet oder den Brunch an Sonn- und Feiertagen, ob abends saftige Steaks, gesunde Salate oder eine herrlich belegte Pizza – sinnlicher Genuss und Gaumenfreuden sind hier garantiert! Aber unbedingt noch etwas Platz lassen, für das „süße Finale“, wie hier der Abschluss des Menüs genannt wird! Wie wäre es mit einem flüssigen Schokoladenkuchen oder den fünf feinen Sorbets?

TIPP

Der norwegische Lachs inOniglack ist ein Gedicht!

- Glück und Seligkeit, Artur-Ladebeck-Straße 57, 33617 Bielefeld, Tel. (05 21) 5 57 65 00, www.glueckundseligkeit.de
- ÖPNV: Straßenbahn 1 ab Bielefeld Hbf., Haltestelle Bethel

Himmlischer Frieden

54 Die Himmelsbergkapelle in Altenheerse

Oberhalb von Altenheerse, einem Ortsteil von Willebadessen, schaut man auf den sogenannten Himmelsberg. Sogleich fällt die oben auf dem Berg gelegene kleine Kapelle auf, die den wunderschönen Namen „Himmelsbergkapelle" trägt. Diese Kapelle wurde 1948 von zwei Brüdern erbaut. Die beiden setzten damit einen alten Plan in die Tat um: In den 200 Jahren zuvor hatte man zweimal versucht, eine Kapelle zu errichten, doch es scheiterte jedes Mal an den finanziellen Mitteln. Bereits damals führte jährlich eine Prozession auf den Himmelsberg.
Wer die kleine Kapelle näher in Augenschein nehmen möchte, startet am nördlichen Ortsrand der 380-Seelen-Gemeinde Altenheerse und unternimmt einen kleinen Spaziergang um den Himmelsberg herum. So erreicht man die Kapelle von der Rückseite aus. Oben angekommen hat man einen traumhaften Blick in die „westfälische Toskana", denn die leicht hügelige und spärlich bewaldete Landschaft erinnert doch stark an die italienische Toskana. Steht man direkt vor der Kapelle, kann man die Inschrift „Zur Mutter wollt Ihr allzeit flehn daß schwere Stürme vorüber gehn" lesen. Nach einem Schritt weiter ins Innere kommt man durch ein kleines Tor und kann die Statue der Muttergottes betrachten. Stolz und schön steht sie da, obwohl sie jahrelang jeder Witterung im Freien standhalten musste.
Die kleine Kapelle ist ein Ort der inneren Einkehr. Es gibt die Möglichkeit, Kerzen anzuzünden, um seiner lieben Verstorbenen zu gedenken. Auf einer Bank kann man seinen Gedanken freien Lauf lassen und ganz bei sich sein. Das kleine Gotteshaus ist zu jeder Tageszeit und an allen Tagen im Jahr geöffnet. Wer sich draußen auf einer Bank ein paar Minuten Ruhe gönnt und den Blick und die Gedanken in die Natur schweifen lässt, kann gar nicht anders, als Glück zu empfinden. Die atemberaubende Sicht wird noch lange im Gedächtnis bleiben.

- Himmelsbergkapelle, Am Himmelsberg 5, 34439 Willebadessen-Altenheerse
- ÖPNV: Bus R54 ab Willebadessen, Bahnhofstraße, Haltestelle Altenheerse, Siedlung

Tierisch nah dran!

55 Der Tierpark in Herford

Ein Sonntagsausflug, der Spaß macht, das ist im Tierpark in Herford garantiert. Hier tummeln sich über 650 Tiere aus 70 verschiedenen Arten. Da ist für Klein und Groß bestimmt ein Lieblingstier dabei. Wenn die verschmusten Kängurus sich im Gehege Küsschen geben oder die auf dem Weg laufenden Pfauen ihre Federn zu einem imposanten Rad aufspannen, dann ist man mittendrin im Glück. Bereits am Eingang sieht man die weißen und braunen Lamas, die die Besucher genau beobachten und natürlich darauf warten, etwas zu fressen zu bekommen. Füttern ist hier ausdrücklich erlaubt, allerdings nur mit dem angebotenen Futter! Hat man hier sein Repertoire an Streicheleinheiten vollzogen, geht es weiter an rosafarbenen Flamingos vorbei, die einen etwas bedächtig anschauen. Weiter geht es zum großen Gehege mit Schafen und Ziegen. Hier darf man sich sogar dazugesellen und die Ziegen streicheln und verwöhnen. Aber auch gefährliche Tiere leben hier – aber keine Angst, die sind hinter Gittern in weitläufigen Behausungen untergebracht. Ein buntes Melodienspektakel bieten die vielen verschiedenen Vögel, die ein eigenes Areal aus bunten Vogelhäusern haben. Hier ist eines schöner als das andere. Am besten man prägt sich ein besonders schönes ein, um es in ähnlicher Form zu Hause nachzubauen.

Es gibt auch die Möglichkeit, eine Tierpatenschaft zu übernehmen, die für ein Einzeltier in einer einfachen Variante 50 Euro pro Jahr kostet. Entscheidet man sich für die Premium-Variante, mit der auch das Füttern möglich ist, liegen die Kosten zwischen 150 Euro und 250 Euro. Diese Beträge kommen dann der Erhaltung der Gehege zugute. Für die Kleinen gibt es im Tierpark eine Seilbahn und viele Spiel- und Spaßmöglichkeiten zum Herumtollen. Wer genau schaut, findet auch Insektenhotels in der Form einer Biene.

Für das leibliche Wohl sorgt das Café Waldfrieden. Hier gibt es leckeren hausgemachten Kuchen und Torten. Ein freies Plätzchen in der gemütlichen Stube oder auf der großen Terrasse findet sich bestimmt immer.

- Tierpark Herford, Stadtholzstraße 234, 32049 Herford, Tel. (0 52 21) 8 12 84 www.tierpark-herford.de
- ÖPNV: Bus S6 ab Herford Bahnhof, Haltestelle Klinikum; Bus S5 ab Herford Alter Markt, Haltestelle Tierpark

Hier steckt Liebe drin

56 Das Eiscafé Valentina in Salzkotten

Cristian Tessaro, dem aus den Dolomiten stammenden Inhaber, wurde das Eiskreieren buchstäblich in die Wiege gelegt. Er war zunächst im Allgäu Geschäftsführer einer Eisdiele, bis er sich 2014 in Salzkotten mit dem „Eiscafé Valentina" einen wahren Glücksort erschuf. Seinen wunderschönen Namen bekam das Café von Tessaros Tochter Valentina.

Die einzige original italienische Eisdiele in Salzkotten bietet Eis zum Dahinschmelzen an. Das Geheimnis liegt darin, dass die kühle Leckerei jeden Tag frisch mit ganz viel Liebe gemacht wird. Die Rezepte werden immer wieder verfeinert. Das Früchteeis wird hauptsächlich nur aus Früchten und aus Soja zubereitet. Somit ist es für Leckerschmecker mit Laktose-Intoleranz genauso geeignet wie für Vegetarier und Veganer, da es keine Milch und keine Farbstoffe enthält. So verwundert es auch nicht, dass dieses Eiscafé von den Lesern der Zeitung „Neue Westfälische" 2020 zu einer der vier besten Eisdielen in OWL gekürt wurde. Es wird viel ausprobiert, was die Temperatur, die Zusammensetzung und die Konsistenz betrifft. „Nur was mir schmeckt, dürfen meine Kunden auch bekommen", verkündet der Besitzer und lächelt dabei. Fast jede Woche gibt es eine neue Sorte. Und es sind außergewöhnliche Sorten wie Kokos-Krokant, Oreo-Erdbeer, Lavendel-Zitrone oder Schoko-Birne, die hier angeboten werden. Wirklich lecker ist das Caipirinha-Eis, aber keine Angst, Autofahren ist danach noch erlaubt. Für Diabetiker gibt es Eis, das mit Stevia gesüßt ist. Hier wird an alle und alles gedacht. Man kann das Eis auch in Behältern zu 500 Gramm oder 1000 Gramm mit nach Hause nehmen.

Sehr liebevoll sind die Terrasse und der Gästeraum gestaltet. Die offene Theke lädt zum Zuschauen bei der Eiszubereitung ein. Hier wird essbares Glück hergestellt! „Eigentlich unterscheiden wir uns mit unserem Sortiment gar nicht viel von anderen Eisdielen", sagt Cristian Tessaro bescheiden – und doch merkt jeder, der hier ein Eis schlemmt, es steckt mehr Liebe drin als anderswo.

TIPP

Der Shake Donut sieht genial aus und schmeckt fantastisch!

- Valentina Eiscafé, Lange Straße 39, 33154 Salzkotten, Tel. (0 52 58) 9 77 75 23
- ÖPNV: RB89 ab Paderborn Hbf., Haltestelle Salzkotten

Zitrone
COOKIES
The Original

Verwehte Sandberge

57

Das Dünenfeld in Augustdorf

Dünen in Ostwestfalen? In Augustdorf? Mit Dünen verbindet man doch immer das Meer, den Strand, den Urlaub, die Kindheit, vielleicht auch die Wüste. Doch es gibt auch Binnendünenfelder, und das größte davon in Norddeutschland befindet sich hier in Augustdorf. Das als Naturschutzgebiet ausgewiesene Dünenfeld hat eine Größe von 170 Hektar, gehört zur Senne und liegt zwischen Bielefeld und Paderborn am Rande des Truppenübungsplatzes Stapel. Inmitten der Kiefernwälder erstreckt sich eine bedeutende Heidelandschaft. Ihre vom Wind hervorgebrachten Dünen sind zum Teil von Wald bedeckt. Sie entstanden vor langer Zeit durch den zerriebenen Sand des Sandsteins im Teutoburger Wald. Zwischen 20 und 40 Meter dick sind diese Sandschichten. Die Dünen sind meistens trocken und nährstoffarm. Sie bieten vielen Tieren und Pflanzen einen idealen Lebensraum. Hierzu gehören zum Beispiel das Silbergras, das kleine Habichtskraut und der Dünen-Sandlaufkäfer. Letzterer ist sehr flink bei der Suche nach Beute und fürchtet sich nicht vor der prallen Sonne.

TIPP

Frühmorgens von der Aussichtsplattform den Sonnenaufgang genießen!

Einen schönen Panoramablick über das Dünenfeld erhält man, wenn man die Treppen der Aussichtsplattform erklimmt. Die Dünenlandschaft bietet das ganze Jahr über immer wieder neue Ansichten. Das liegt natürlich an den wechselnden Jahreszeiten, aber auch an den immer wieder unterschiedlichen Lichtstimmungen. Sehr empfehlenswert ist der vier Kilometer lange Dünenpfad. Der Wanderweg beginnt und endet am Parkplatz der Jugendsiedlung Heidehaus in Augustdorf. Auf diesem Weg gibt es allerlei Informationen zur Landschaft und deren Entstehungsgeschichte. Außer festem Schuhwerk und passender Kleidung ist für diese Wanderung nichts weiter zu beachten. Ein Fernglas und ein Fotoapparat sind allerdings empfehlenswert.

- Augustdorfer Dünenfeld, Wanderparkplatz Dachsweg, 32832 Augustdorf
- ÖPNV: Bus 390 ab Detmold Bahnhof, Haltestelle Augustdorf, Jahnstraße

Wasserspaß für alle

58 Der Schiedersee in Schieder

Der Schiedersee wird auch Emmerstausee genannt und liegt am Fuße des Teutoburger Waldes. Dieses Naherholungsgebiet bietet ein großes Maß an Freizeitaktivitäten. Der See ist 3,1 Kilometer lang und 350 Meter breit. Also groß genug, um verträumt auf einem der Tretboote in Form einer gelben Ente, eines weißen Schwans oder eines rosafarbenen Flamingos über den See zu schippern oder um auf einem Stand-up-Paddling-Board ein paar Bahnen zu ziehen. Für mehr Ruhe kann man sich am Ufer-Boulevard genüsslich im Liegestuhl am Strand ausruhen – dieses Fleckchen Erde ist wunderschön. Für die Kleinen gibt es einen Ponyhof mit Pferden hautnah. Auch süße Kaninchen und flauschige Alpakas können nach Herzenslust geknuddelt werden.

Um den gesamten See verläuft ein acht Kilometer langer Rundwanderweg. Immer wieder trifft man in diesem Paradies auf Angler, die am Ufer ihre Ruten auslegen und es sich in ihrem Anglerstuhl gemütlich machen. Der Fang besteht aus Forellen, Barschen, Hechten oder Karpfen.

TIPP
Eine herrliche Zeit erlebt man im Funtastico – Freizeitspaß für die ganze Familie.

Der ganzjährig geöffnete Wohnmobilhafen beinhaltet 200 Stellplätze. Unvergleichlich ist es, morgens in seinem eigenen Bett im Camper aufzuwachen und den Blick auf den See und die aufsteigende Sonne zu genießen. Alternativ kann man auch in einer der vier modern eingerichteten und über eine eigene Terrasse oder einen Balkon verfügenden Ferienwohnungen übernachten, die sich in unmittelbarer Nähe zum Schiedersee befinden. Wer es ein wenig abenteuerlicher mag, mietet sich für bis zu vier Personen ein Campingfass oder bis zu zwei Personen eine Fischerhütte mit Blick auf den See. Nach den vielen Unternehmungen gibt es eine Stärkung im Café-Restaurant „Breitengrad“ oder im Bistro „Bootshaus“. Diese befinden sich mitten im Freizeitzentrum am Südufer des Sees. Hier kann man nach Herzenslust Pizza, Pasta, Burger, Eis oder Kuchen schlemmen. Die herrliche Aussicht ist dabei inklusive. Im Schiedersee ist das Baden verboten, Schwimmbegeisterte können sich aber im Freibad direkt nebenan austoben.

- Schiedersee, Kronenbruch 3, 32816 Schieder
  www.schiedersee.de
- ÖPNV: Bus 792 ab Detmold Bahnhof, Haltestelle Freizeitzentrum Schiedersee

Auf Spurensuche

59 Stadtführungen in Rietberg

Die an der Ems liegende Stadt der schönen Giebel, mit ihrer größtenteils aus dem 16. und 17. Jahrhundert stammenden Bausubstanz, hält viele Entdeckungen bereit. Am besten lässt sich Rietberg erleben im Rahmen von einer der fantastischen Stadtführungen, die von der Touristikinformation angeboten werden. Die Bierliebhaber nehmen am besten an der rund 3,5-stündigen Tour „Leidenschaft für Gerstensaft" teil, bei der getestet und verkostet wird und man hinterher ein Bierdiplom für gute Arbeit ausgestellt bekommt.

Aber auch die Tour „Engel, Wein und Lebensfreude" ist zu empfehlen, bei der die Teilnehmer an Orte gelangen, die der normale Besucher so niemals zu sehen bekommen hätte. So gibt es den ersten Wein und eine genüssliche Kleinigkeit zu essen im Refektorium des Klosters. Dann geht es weiter am Rathaus vorbei und vor einem Künstlerhaus rechts abgebogen, steht da schon der Wein des Weinguts Engel zur Verkostung bereit. Das Weingut Engel ist auch gleichzeitig der Namensgeber der Stadtführung. Einen hochgradigen Genuss erlebt man bei der „kulinarischen Stadtführung", bei der die Vorspeise, der Hauptgang und ein Nachtisch jeweils in einem anderen auserwählten Restaurant serviert werden. Vor, während und nach den Mahlzeiten erfährt der Besucher Wissenswertes über dieses schöne und liebenswerte Städtchen. Sehr interessant ist auch die „Sprichwörter-Führung". Woher kommt zum Beispiel der Ausdruck „Mach die Klappe zu"?

Bei der Pättkes- und Pintentour gehen die Stadtführer und -führerinnen in ihren Gewändern mit den Besuchern durch zum Teil historische und alteingesessene Restaurants und Kneipen und erzählen dabei echte Rietberger Kneipengeschichten. Natürlich werden die Anekdoten über Rietberg und seine historischen Gasthäuser von dem ein oder anderen Schlückchen Hochprozentigem begleitet.

- Stadtführung Rietberg, Touristikinformation Rathausstraße 38, 33397 Rietberg, Tel. (0 52 44) 98 61 00 www.rietberg.de/tourismus.html
- ÖPNV: Bus 77 ab Gütersloh ZOB, Haltestelle Rietberg ZOB

18

Museum auf der Weser

60 Die Schiffmühle in Minden

1998 wurde aus einer Idee Wirklichkeit: Eine Schiffmühle, die auf der Weser bis ins 19. Jahrhundert auf dem Wasser gelegen und gemahlen hatte, sollte rekonstruiert werden. Für diesen Wiederaufbau wurde vor allem Eichenholz und teilweise Lärchenholz benutzt. Gekostet hat diese vom damaligen Leiter des Mühlenbauhofes Frille getätigte Planung, Konstruktion und Bauausführung 226.000 Euro. Betrieben und unterhalten wird dieses Kleinod vom Verein Schiffmühle Minden e. V. Hier werden Arbeiten verrichtet wie vor rund drei Jahrhunderten. Dem Mahlen des Korns zuzusehen und zuzuhören ist ein fantastisches und informatives Erlebnis zugleich. Auf eindrucksvolle Weise erfährt der Besucher, wie die Kamm- und Korbräder ineinander greifen.

Die Mindener Schiffmühle ist in der Zeit von April bis Oktober geöffnet. Im Sommer und Herbst finden hier in der Mühle verschiedene kulturelle Veranstaltungen wie Lesungen oder Musik- und Theaterabende statt. Während der Schiffmühlensaison gibt es unmittelbar an der Schiffmühle auch eine Gastronomie. Der wunderschön angelegte Biergarten hat Platz für 300 Gäste. Es lohnt sich hier einzukehren und seine Blicke auf die Weser schweifen zu lassen.

TIPP

Nach den wundervollen Eindrücken eine Runde Boule auf der nahen Boulebahn spielen.

Wer möchte hier in der einzigen kornmahlenden Schiffmühle in Deutschland, die sich auf einem Fluss befindet, nicht Diplomand sein und nach einer kurzen Einführung selbst aktiv werden? Die Prüflinge müssen die Arbeiten des Kornmahlens, wie das Wehr in die Weser hineingleiten zu lassen, den Mahlgang einzulegen oder die Mahlsteine in Betrieb zu setzen, selbst verrichten. Ein paar Überraschungen warten natürlich auch noch. Anschließend gibt es noch eine kurze Abschlussprüfung, und schon erhalten die Prüflinge das Schiffmüller-Diplom. Dieser ein- bis eineinhalbstündige Spaß wird für Gruppen von 10 bis 20 Personen angeboten.

- Schiffmühle Minden, Weserpromenade 24, 32423 Minden, Tel. (05 71) 40 50 05 15, www.schiffmuehle.de
- ÖPNV: Haltestelle Minden ZOB (rund 500 Meter Fußweg)

Ein Wald voller Kunst

61

Der Nieheimer Kunstpfad am Holsterberg

Seit September 2019 darf sich der Nieheimer Kunstpfad mit dem Zertifikat „Qualitätsweg Wanderbares Deutschland“ schmücken. Dieses Zertifikat wird vom Deutschen Wanderverband für Wege vergeben, die gewisse Qualitätsstandards erfüllen. Der 9,8 Kilometer lange und mit acht eindrucksvollen Kunstwerken gesäumte Nieheimer Kunstpfad im Wald am Holsterberg tut dieses. Internationale Künstler haben in der wunderschönen Natur um den Ortskern von Nieheim außergewöhnliche Kunstobjekte gestaltet. Sie haben sich von der Landschaft zu diesen Kunstwerken inspirieren lassen und sie somit auf einfühlsame Weise in die Natur eingefügt. Wer die künstlerischen Objekte in Augenschein nehmen will, muss immer wieder einmal die breiten Forstwege verlassen und auf schmale Wege einbiegen. Das ist besonders für die Kleinen ein großes Abenteuer.

TIPP

In der Windwiege liegen und dem Rauschen des Waldes lauschen.

Die Kunstwerke sind jedes auf seine Art einzigartig. Da gibt es die 2009 entstandene „Encore“ von der ein Jahr später verstorbenen mexikanischen Künstlerin Helen Escobedo. Bei diesem Objekt sind 50 Instrumente aus Blech zu einem Streichorchester zusammengestellt. Bei der Holzskulptur „Reise und Heimkehr“ des deutsch-holländischen Künstlers Andreas Kopp liegen zwei Teile eines Baumstamms ca. 30 Meter voneinander entfernt. Und doch eröffnet sich dem Betrachter ein Zusammenhalt, denn die beiden Teile der Skulptur scheinen sich magnetisch anzuziehen. Auf dem Weg sind weiterhin die sich in die Natur einschmiegende Parkettinsel, der Verlobungsring, die Attacke im Turm, das Baumhaus und die Windwiege zu bestaunen.

Ilan Averbuch war es, der hier im Mühlenbachtal ein Haus im Boot – oder ist es vielleicht eher ein Boot im Haus? – entworfen hat. Es scheint einen Zwiespalt zu geben zwischen dem Haus, das Sicherheit und Geborgenheit bietet, und dann dem Boot, das für Freiheit und Abenteuer steht, doch genau das macht dieses Kunstwerk aus.

- Nieheimer Kunstpfad, Start/Ziel: Parkplatz an der Eichenallee im Oberdorf, 33039 Nieheim-Holzhausen
- ÖPNV: Bus R81 ab Nieheim ZOB, Haltestelle Holzhausen Oberdorf, Nieheim (rund 3,5 Kilometer Fußweg)

Abenteuer für die Füße

62 *Der Barfußpfad in Bad Wünnenberg*

Hier heißt es Schuhe und Strümpfe ausziehen und mit den Füßen 20 verschiedene Untergründe entdecken. Auf dem einen Kilometer langen Weg rund um den Paddelteich in Bad Wünnenberg gibt es unterschiedliche Erlebnisse für die nackten Füße. Auf einen Abschnitt Sand folgt ein anderer mit feinen und groben Kieselsteinen. Weiter geht es auf angenehm wärmendem Rindenmulch, über eine weiche Wildblumenwiese, über Holzbohlen und einen erfrischenden Bachlauf sowie über matschigen Lehm. Immer wieder zwischen den einzelnen Stationen kommen die Füße mit Rasen pur in Kontakt. Es ist ein tolles sinnliches Erlebnis, das den Füßen noch dazu richtig guttut. Neben der erfrischenden und vitalisierenden Wirkung werden gleichzeitig noch die motorischen Fähigkeiten trainiert und der Blutdruck gesenkt. Außerdem stärkt diese Art des Gehens natürlich auch die Abwehrkräfte. Das pure und freie Gefühl für die Füße gleicht einer Reflexzonenmassage. Durch regelmäßiges Barfußgehen wird die Fuß- und Unterschenkelmuskulatur gestärkt.

Aber nicht nur der Barfußpfad ist hier im Aatal ein Highlight. Es gibt hier drehbare Relaxliegen, die zur Sonne hin ausgerichtet werden können und in denen man stundenlang in den Tag träumen kann, während sich die Kinder auf dem großen Spielplatz austoben. Nach den aufregenden Erlebnissen gibt es etwas Leckeres im Café am Paddelteich mit Blick auf das Wasser. Im Tiergehege können Ziegen gestreichelt werden, und für kleines Geld bietet ein Automat Futter an, mit dem die Tiere verwöhnt werden dürfen. Für sportliche Besucher und Kinder gibt es in unmittelbarer Nähe einen Volleyballplatz, einen Disc-Golf-Platz, auf dem Frisbeescheiben gezwirbelt werden können, und einen Kletterpark. Wer möchte, kann im Aatalhaus einen Angelschein erwerben und sein Glück im Paddelteich versuchen. Man kann aber auch einmal den rund neun Kilometer langen Weg um die Aabach-Talsperre erwandern oder mit dem Fahrrad oder mit Inlinern abfahren.

- Barfußpfad Bad Wünnenberg, Am Kurpark 3, 33181 Bad Wünnenberg, Tel. (0 29 53) 9 98 80
- ÖPNV: Bus R11 ab Paderborn Hbf., Haltestelle Bad Wünnenberg, Aatal-Klinik

Ruheoase mit Weitblick

63 Die Kaffeemühle in Halle

Früher musste man hier auf der Aussichtsplattform der „Kaffeemühle" bis 34 zählen! So viele Kirchtürme sollten von hier aus sichtbar sein. Ob man diese dann tatsächlich alle entdeckt hätte, weiß man nicht, was man aber heute noch findet, ist ein spektakulärer Ausblick von diesem Pavillon oberhalb von Halle am Hang des Teutoburger Waldes im Stadtwald gelegen. Der Aufstieg ist zwar etwas mühsam, aber oben angekommen, entschädigt die Aussicht für alle Strapazen. Von hier aus hat man einen grandiosen Blick über die Stadt Halle und das Hinterland.

Das Gebäude mitten im Teutoburger Wald an der Schnittstelle von Hermannsweg und Wanderweg A1 sieht tatsächlich aus wie eine überdimensionierte Kaffeemühle. Den Namen bekam dieses Gebilde von den Bürgern der Stadt, weil es wahrlich an eine Kaffeemühle erinnert und weil hier an diesem Platz früher sonntags immer Kaffee ausgeschenkt wurde. Der achteckige Pavillon ist mit einem kupfernen Aufbau versehen, der über die Jahre oxidiert ist und nun eine grüne Farbe angenommen hat. Erbaut wurde er um 1797 – von einem Kaffeehändler! Der Bremer Hermann Hagedorn ließ ihn als Aussichtspunkt errichten, der ursprünglich einen großen in Hanglage geplanten Park schmücken sollte. Unterhalb der seit 2006 denkmalgeschützten Kaffeemühle haben Hermann Hagedorns Nachfahren ihm 1802 zu seinem 68. Geburtstag ein Denkmal für seinen großen Einsatz für Halle gesetzt.

Hier an diesem herrlichen Glücksort kann man wieder Opa Hermann und seiner Enkelin Anna lauschen, die sich über den Haller Willem, das Haller Herz, die einzigartigen Waldgräber in Westfalen, den Kirchplatz und das Museum in dieser Lindenstadt unterhalten. Der Horchposten befindet sich unterhalb der Kaffeemühle und dem Hagedorn-Denkmal.

TIPP

Der Rundwanderweg A1 ist ein etwa 2 Kilometer langer Geschichtspfad rund um die Kaffeemühle.

● Kaffeemühle, Bergkamp 2, 33790 Halle (Westfalen), Anfahrt über Spitzenkamm
● ÖPNV: Bus 61 ab Halle Bahnhof, Haltestelle Tiefer Weg (rund 12 Minuten Fußweg)

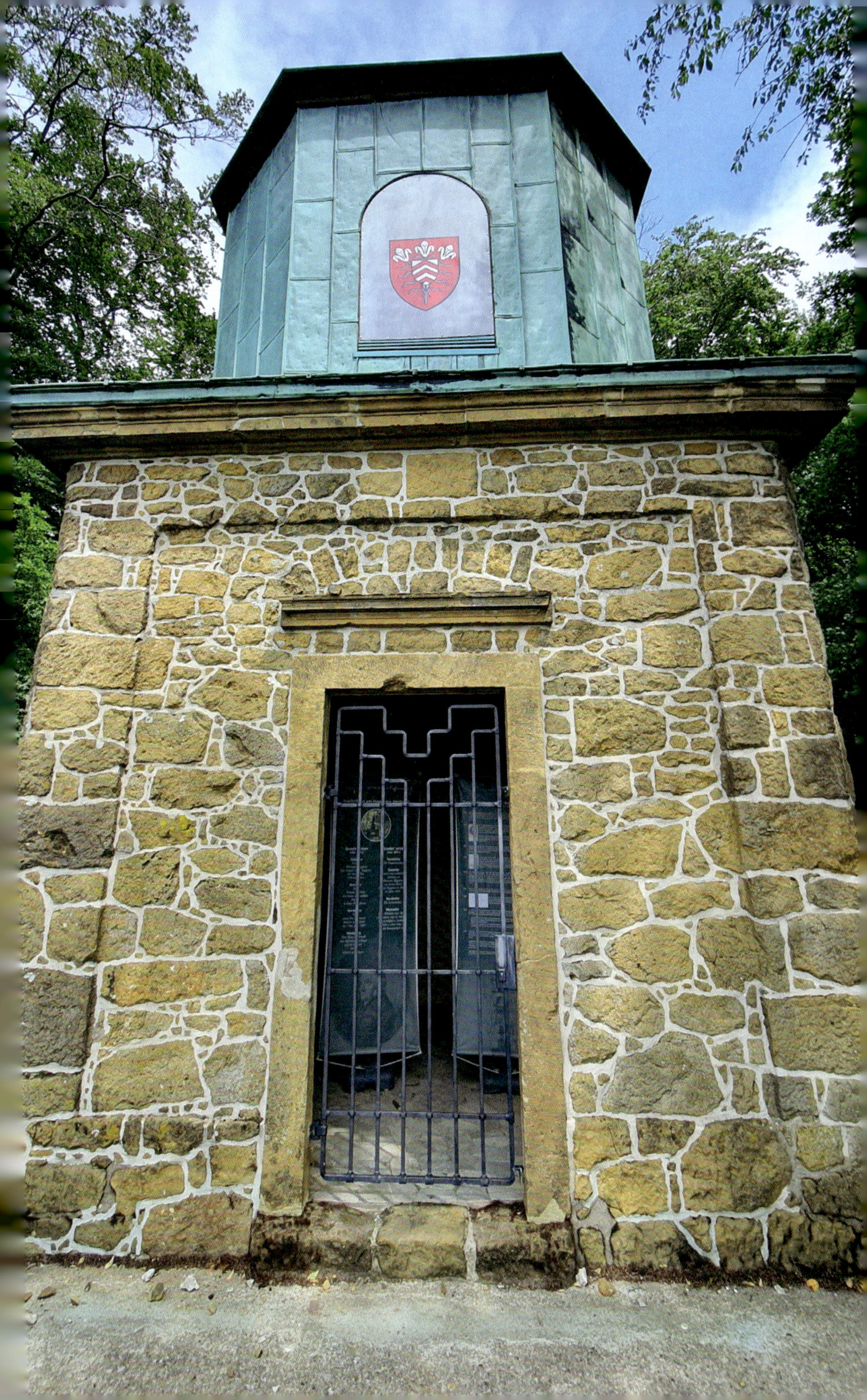

Achtung, Schiff von links!

64

Das Wasserstraßenkreuz in Minden

Autobahnkreuze kennen wir alle, aber ein Schifffahrtsstraßenkreuz ist immer noch eine Seltenheit. Das größte Doppel-Wasserstraßenkreuz der Welt liegt in Minden. Dort führt nämlich der Mittellandkanal in einer Trogbrücke über die Weser. Auf dieser Kreuzung kann aber nicht einfach nach rechts oder links abgebogen werden. Um die Wasserstraße zu wechseln, sind die alte und neue Fahrt, verschiedene Schleusen, Pumpwerke, Häfen und ein Kanal nötig, die alle dafür sorgen, dass die Schiffe die Richtung wechseln können. Der Höhenunterschied von etwa 13 Metern wird durch die Schachtschleuse ausgeglichen. Beim Schleusen werden 4000 Kubikmeter Wasser in die neben der Weser liegenden Sparbecken gepumpt und abgelassen. So kommen auch die größeren Binnenschiffe problemlos in den Mindener Industriehafen.

Begonnen wurde mit dem Bau 1911. Für die damalige Zeit war das Vorhaben ein gigantisches Projekt. 1914 wurde die Brücke über die Weser dann in Betrieb genommen. 1998 wurde eine neue zweite Brücke errichtet. Dadurch können nun auch Schiffe mit noch größerem Tiefgang die Stelle passieren.

Es ist möglich, unter dem Mittellandkanal am Ufer der Weser unter der Brücke hindurchzugehen. Allerdings beschleicht einen dabei ein leicht mulmiges Gefühl, wenn einem bewusst wird, wie viele Tonnen Wasser sich in der Trogbrücke befinden. Am Informationszentrum des Wasserstraßen- und Schiffahrtsamts in der Nähe der Schachtschleuse erhält man viele weitere Informationen über das Wasserstraßenkreuz. Dort kann man auch „Kreuzfahrten" von der Mindener Fahrgastschifffahrt buchen. Angeboten werden Kanal-Weser-Rundfahrten mit einer Dauer von rund zwei Stunden. Auf der Weser kann man auch Tagesfahrten bis Stolzenau machen oder auf dem Mittellandkanal bis nach Bad Essen. Am Ufer der Weser oder des Mittellandkanals lässt es sich wunderbar entspannen. Schön ist es auch, auf den Bänken ein Picknick zu genießen und dabei den vorbeifahrenden Schiffen zuzusehen und von der Ferne zu träumen.

TIPP
Eine Schleusung mitmachen, bei der man den großen Höhenunterschied hautnah erlebt.

- Wassersstraßenkreuz, Friedrich-Wilhelm-Straße, 32425 Minden, Tel. (05 71) 8 29 06 59
- ÖPNV: Bus 7 ab Minden (Westf.) ZOB, Haltestelle Leteln, An der Stadtmühle (rund 7 Minuten Fußweg)

Am Wasservulkan

65 Der Aqua Magica-Park in Löhne

Der wunderschön angelegte Landschafts- und Kulturpark Aqua Magica zwischen den Städten Löhne und Bad Oeynhausen bietet traumhafte Möglichkeiten, sich zu entspannen und die Seele baumeln zu lassen. Der Park wurde 1997 von den französischen Landschaftsarchitekten Henri Bava und Olivier Philippe entworfen und zur Landesgartenschau im Jahr 2000 eröffnet. Bei der Planung im Vordergrund stand von Anfang an das Element Wasser. Denn der Bezug zum Wasser war schon allein durch die vielen Kurbäder und Solequellen in OWL gegeben. Also musste dieses Thema auch in dem neuen Park aufgegriffen werden. Selbst der Name ist dabei Programm: Aqua Magica – „Magisches Wasser“!

Am beeindruckendsten ist dabei natürlich der imposante Wasserkrater, der erst knapp zehn Jahre nach der Landesgartenschau entstanden ist. In diesem Wasserkrater führen 80 Stufen auf einer Stahltreppe an den Gesteinswänden entlang 18 Meter in die Tiefe. Auf dem Grund des Kraters befinden sich verschiedene Düsen, die die Wasserfontäne zum Tanzen bringen. Eindrucksvolle Klang- und Lichteffekte machen dieses Schauspiel einmalig. Im Abstand von wenigen Minuten steigen die Fontänen höher als der Kraterrand. Aber Achtung, hier besteht die Gefahr, nass zu werden. Wer das verhindern möchte, bringt sich eine Regenjacke mit oder erwirbt an der Kasse einen Regenponcho. Im Sommer allerdings kann die Erfrischung recht angenehm sein. Von außen ist die etwa 30 Meter hohe Fontäne auch für Wasserscheue gut zu bestaunen. Das ganze Schauspiel wirkt wie ein Vulkanausbruch, aber statt Magma fließt Wasser. Rund um den Krater befinden sich drei Wassergärten, in denen verschiedenste Wasserpflanzen zu bewundern sind.

Im 20 Hektar großen Park gibt es auch jährlich ein großes Angebot an Attraktionen wie zum Beispiel Sommernachtskino, Literatur- und Sommerfeste, Boule-Turniere oder auch einen Bauernmarkt und einen Motorradgottesdienst. Auf den Kinderspielplätzen können die Kinder das Element Wasser immer wieder anders erleben.

TIPP

Gegenüber dem Wasserkrater kann man sich im Hochseilgarten austoben!

- Aqua Magica, Bültestraße 50, 32584 Löhne, Tel. (0 57 32) 10 03 23 www.aquamagica.de
- ÖPNV: Bus 430 ab Bad Oeynhausen, Bahnhof, Haltestelle Gohfeld, Berolinaklinik

Relikt der Ritterzeit

66 Die Burg Desenberg bei Warburg

Schon von Weitem sieht man die imposante Burgruine hoch oben ruhen. Egal, aus welcher Richtung man auch kommt, die Burg Desenberg ist immer präsent, kein Wunder, thront sie doch auf der markantesten Erhebung der Warburger Börde. Der Desenberg erhebt sich etwa 3,5 Kilometer östlich von der Hansestadt Warburg, die rund 24.000 Einwohner hat und zum Kreis Höxter gehört. Der Parkplatz am Fuße des 344 Meter hohen Desenbergs bietet auch eine gute Gelegenheit, um eine kurze Verschnaufpause einzulegen oder ein kleines Picknick zu genießen, bevor es in einem kurzen, aber teilweise recht steilen Anstieg rund um den Berg hoch zur Burgruine geht. Oben angekommen, erklimmt man über eine Metallwendeltreppe die Überreste des Turms und genießt einen wunderbaren Panoramablick auf die Warburger Börde. Der Desenberg, der aus diesem meist flachen Umland herausragt, ist durch einen Vulkan vor Millionen von Jahren entstanden. Durch die Enge des Schlots, der aus Basalt besteht, waren die nach oben drückenden Magmamassen bereits erstarrt, bevor es zu einem Ausbruch kommen konnte.

Wer über die Ruine spaziert, macht in Gedanken schnell eine Zeitreise in die Vergangenheit: Wie es sich wohl angefühlt haben muss, hier auf dieser Burg als Ritter zu leben? Wer hat nicht in seiner Kindheit gerne mit einer Ritterburg gespielt? Hier in den altehrwürdigen Mauerresten kann man in Erinnerungen schwelgen.

Die Burg Desenberg entstand im Jahre 1070, also im Hochmittelalter, der Blütezeit des Rittertums und des Minnesangs. Im Laufe der Zeit wechselten ihre Besitzer mehrfach. Anfang des 13. Jahrhunderts wurde die Anlage teilweise zerstört. Mitte des 13. Jahrhunderts erwarb die Familie von Spiegel die Burg und den Berg. Nachdem die neuen Herren ihr Anwesen im 16. Jahrhundert verlassen hatten, verfiel die Burg Stein um Stein zur Ruine. Doch gerade ihre heutige geheimnisumwobene mystische Gestalt zieht viele Menschen an. Sowohl die Burg als auch der Desenberg sind beliebte Motive für Fotografen und Maler.

- Burgruine Desenberg, Desenbergstraße, 34414 Warburg, Tel. (0 56 41) 90 88 00
- ÖPNV: Bus 535 ab Warburg (Westf.) ZOB, Haltestelle Daseburg, Gut Rothehaus

Lebendige Geschichte

67 Archäologisches Freilichtmuseum in Oerlinghausen

Bei einem Besuch im Freilichtmuseum in Oerlinghausen macht man die schöne Erfahrung, dass Geschichtsthemen nicht immer langweilig sein müssen. Auf einer Fläche von knapp zwei Hektar werden nach genauen archäologischen Befunden die Wohn- und Arbeitsstätten der Bewohner von der Altsteinzeit bis zum Mittelalter gezeigt. Besonders eindrucksvoll ist die Rückzucht von mittelalterlichen Ziegen und Weideschweinen. Sehr originalgetreu anzusehen – und sogar auch zu betreten – ist das perfekt rekonstruierte sächsische Langhaus aus dem 7. Jahrhundert. Die Fertigstellung erfolgte 2008. Dieses Haus ist sogar teilweise bewohnt, nämlich immer dann, wenn das „Nordvolk zu Ravensburg" dort einzieht, um das damalige Leben im Dorf zu veranschaulichen. Das geschieht im Rahmen von speziellen Veranstaltungen, die hier mehrmals im Jahr stattfinden. An diesen Terminen kann man alte Handwerkskunst hautnah bewundern und in Handarbeit hergestellte Schmuckstücke käuflich erwerben. Bei einem Plausch mit den Darstellern über das Leben und das Wirken unserer Vorfahren erfährt man so einiges, was nicht unbedingt in den Geschichtsbüchern geschrieben steht.

TIPP

Eine Jahreskarte fürs Museum kaufen und einfach immer wiederkommen.

Ursprünglich wurde das Museum als erstes germanisches Freilichtmuseum der Welt 1936 unter dem Namen „Germanengehöft" eröffnet. 1946 wurde die verwilderte Anlage abgebaut. 1961 erfolgte ein Wiederaufbau, der allerdings 1973 komplett abbrannte. 1979 betrieb man unter dem Namen „archäologisches Freilichtmuseum" einen dritten Neuanfang.

Auf dem gesamten Gelände laden Sitzgruppen zum Verweilen und Träumen ein. Wie es sich wohl angefühlt haben muss, in prähistorischer Zeit hier zu leben, ganz ohne Hektik, Strom und Handy? Hier kann man selbst einmal zur Ruhe kommen und seinen Alltagsstress für eine kurze Zeit hinter sich lassen. Wer nicht auf eigene Faust das Gelände erkunden möchte, der kann an verschiedenen Führungen teilnehmen. Eintauchen in die Vergangenheit und die Geschichte interaktiv erleben, das Freilichtmuseum in Oerlinghausen macht es möglich.

- Archäologisches Freilichtmuseum, Am Barkhauser Berg 2–6, 33813 Oerlinghausen, Tel. (0 52 02) 22 20, www.afm-oerlinghausen.de
- ÖPNV: Bus 39 ab Oerlinghausen Bahnhof, Haltestelle Oerlinghausen, Am Widfeld

Natürlich baden

68

Das Parkbad in Versmold

Es ist Sommer und die Sonne lacht und strahlt vom Himmel! Was gibt es da Schöneres als zu schwimmen, planschen oder zu rutschen? Das alles ist besonders gut möglich im Parkbad in Versmold, das 2014 zum Naturerlebnisbad umgestaltet wurde. Dort wird das Badewasser durch eine biologische Wasseraufbereitung gereinigt und kommt daher ganz ohne Chemie aus. Das Naturerlebnisbad, das zu jeder Jahreszeit geöffnet ist, liegt mitten im sportlichen Versmolder Dreieck mit Tennispark und Kurt-Nagel-Parkstadion und punktet auch mit guten Parkmöglichkeiten. Hier ist das perfekte Strandfeeling vorprogrammiert. Die im Sand stehenden Strandkörbe versprechen ein komfortables Sonnenbad. Die Kinder können sich im Kleinkinderbecken austoben und gegenseitig nassspritzen. Der drei Meter hohe Sprungturm ist edel aus Naturholz gefertigt und lädt Mutige zum Sprung ins 22° C kühle Nass ein. Besonderen Spaß macht die 16 Meter lange und 3,70 Meter hohe Wellenrutsche mit Landebecken. Eine großzügig angelegte Wiesenlandschaft scheint nur darauf zu warten, dass hier das Liegetuch ausgebreitet wird und man es sich darauf gemütlich macht. Hier kann man abschalten vom Alltag. Schmökern in einem spannenden Buch oder mit Freunden gemeinsam in den blauen Himmel schauen, das ist Glück. Wer hungrig ist, kann hier picknicken oder leckere Kleinigkeiten am Kiosk bestellen.

TIPP

Das Bad ist sehr gut geeignet für Familien mit Kindern.

Freibad ist immer auch ein Stück Kindheit, weil man damals diese Atmosphäre aufgenommen und als Gefühl tief in sich eingesogen hat. Die Badekappen mit aufgesetzten Gummiblumen, die verschrumpelten Fingerkuppen – all das lässt einen in Kindheitserinnerungen schwelgen. Bei schlechtem Wetter oder in der kühleren Jahreszeit kann man das Hallenbad mit seinem 25-Meter-Becken genießen und hier seine Bahnen ziehen. Am Wochenende gibt es mit 30° C einen Warmwassertag. Es werden Schwimmkurse für Groß und Klein, Aquafitness- und Seepferdchenkurse angeboten.

- Parkbad Versmold, Caldenhofer Weg 26 a, 33775 Versmold, Tel. (0 54 23) 77 49
www.parkbad-versmold.de
- ÖPNV: Bus 461 ab Versmold Bahnhof, Haltestelle Versmold, Freibad

5
4
3

Adrenalin pur!

69 Der Paderkletterpark in Paderborn

Hier im Kletterpark an den Fischteichen ist Spaß garantiert. Zunächst einmal wird man mit Helm und Gurten zum Klettern ausgestattet. Dabei ist Sicherheit das A und O. Es gibt verschiedene Parcours, die farblich markiert sind. Grundsätzlich sollte man immer zu zweit oder zu dritt klettern. Der grüne Parcour ist für Anfänger und Kinder am besten geeignet, weil man hier die Gurte nicht umklinken muss. Ihn zu absolvieren, dauert ungefähr 20 Minuten, dabei befindet man sich in einer Höhe von drei bis vier Metern. Beim nächsten Parcour, dem sogenannten Aktivparcour in der Farbe Blau, muss man sich schon in größere Höhen von fünf bis sieben Metern wagen. Hier wartet als Besonderheit die 70 Meter lange Seilbrücke über die Fischteiche. Es ist atemberaubend, sich hier über das Wasser zu schwingen. Wahrscheinlich „rutscht" jedem dabei ein kleiner (Jubel-)Schrei heraus. Im roten Parcour, dem Dschungelparcour, hängen spezielle Elemente wie ein Feuerwehrschlauch oder ein Fahrrad. Dieser Parcour ist mit sechs bis siebeneinhalb Meter Höhe nichts für schwache Nerven, denn er ist, wie der Name schon verrät, dicht bewachsen, wie in einem Dschungel. Zusammen ist man stark und muss es auch sein, hier beim lilafarbenen Partner-Parcour. Nichts geht ohne den anderen. Ob Surfbrett, Triangel oder Wippe – man kann den Parcour nur gemeinsam schaffen. Hier geht es schon beträchtlich in die Höhe auf elf bis zwölf Meter, und man benötigt 30 bis 45 Minuten dafür. Fast wie bei Ninja Warriors geht es im schwarzen Parcour, dem absoluten Profiparcour, zu. Hier müssen zehn Meter Tau emporgeklettert werden, um auf die Startplattform zu kommen. Weiter geht es über wackelige Reifen, Seilrutschen und eine Hangelstation. Wer das in zehn bis 13 Metern bewältigt, hat die Königsdisziplin erfolgreich geschafft. Vergnügen und die schöne Erfahrung, einmal seine eigenen Grenzen zu überwinden, ist hier im Eintrittspreis inbegriffen. Wer lieber nur zuschauen möchte, leiht sich eines der kleinen Boote auf den Fischteichen aus und schippert damit ein wenig umher.

● PaderKletterPark, Dubelohstraße 79, 33102 Paderborn (an den Fischteichen)
www.paderkletterpark.de

● ÖPNV: Bus 1 oder 11 ab Paderborn Hbf., Haltestelle Schloss Neuhaus, Padersee (rund 11 Minuten Fußweg)

Im Land der Mühlen

70 Windmühle Struckhof in Hüllhorst-Schnathorst

Im Kreis Minden-Lübbecke gibt es 43 verschiedene Mühlen. Ob Wind-, Wasser-, Ross- oder Schiffmühle, jede für sich ist eine wahre Schönheit! Alle Mühlen zusammen ergeben die Westfälische Mühlenstraße. Dieses Ensemble an Mühlen bilden auch gleichzeitig Deutschlands größtes Freilichtmuseum. Die noch vorhandenen Mühlen sind ganz unterschiedlich in ihrer jeweiligen Ausstattung, Bauweise und Funktion.
Etwas ganz Besonderes ist aber der Wall-Holländer von 1883 mit Windrose und Segelflügeln. Diese Mühle umgibt ein einzigartiges Flair, wie sie dort steht, mit ihren Flügeln der Sonne entgegen. Dahinter freies Feld – ein Ort der Ruhe. Die dort platzierten Bänke laden dazu ein, ein paar Minuten zu verweilen und zu entschleunigen. Nachdem 1939 erst ein Flügel abgebrochen war und die Mühle dann zeitweise stillstand, wurden die restlichen Flügel 1951 entfernt. Bis zum Beginn der 1970er- Jahre wurde die Mühle dann nur noch elektrisch benutzt. 1993 erwachte sie zu neuem Leben: Ihre Flügel wurden wieder angebracht, die Kappe aufgesetzt. So wurde sie für die Öffentlichkeit wieder zugänglich gemacht. Mühlen dieser Bauart, die auch Kappenmühle genannt werden, wurden 1736 erfunden. Sie arbeiteten in zwei Mahlgängen: einem Schrot- und einem Mahlgang. In der Zeit zwischen 1883 und 1938 wurde mit Windkraft hauptsächlich Futter gemahlen.

TIPP
Alle Mühlen auf der Westfälischen Mühlenstraße mit dem Rad anfahren und ansehen!

Um die denkmalgerechte Instandsetzung der Mühlen kümmert sich der Mühlenbauhof in Petershagen-Frille, der einzigartig ist in Deutschland. Aber nicht nur restauriert wird hier, es gibt außerdem ein Mühlen-Infozentrum, in dem eindrucksvoll und detailliert erklärt wird, wie aus Korn Mehl wird oder wie die Technik sich über die Zeit verändert hat. Die restaurierten Mühlen erlebt man, wie vor 100 Jahren an den fünf- bis sechsmal im Jahr stattfindenden Back- und Mahltagen, die eingebettet sind in ein großes Aktionsprogramm mit Kunsthandwerkermärkten und köstlichem Selbstgebackenem.

- Windmühle Struckhof, Wulferdingser Straße 16, 32609 Hüllhorst-Schnathorst, Tel. (0 57 34) 28 67
- ÖPNV: Bus 614 ab Bad Oeynhausen ZOB, Haltestelle Hüllhorst-Schnathorst, Schule

Glück auf!

71 Das Besucherbergwerk in Porta-Westfalica

„Glück auf" – so wird man hier im Besucherbergwerk von den Bergmännern begrüßt. Jetzt heißt es erst einmal sich warm anziehen, das feste Schuhwerk und die Schnürsenkel strammziehen und den Helm aufsetzen. Vorbei an dem großen, mächtigen Bergbaufahrzeug und dem hohen Brecherturm geht es dann mit erfahrenen Grubenführern zunächst durch den etwa 200 Meter langen Steinbruch zu einem Stolleneingang, auch „Fuchsbau" genannt, in die ehemalige Eisenerzgrube „Wohlverwahrt" hinein. Durch ein Tor betritt man das 10–12° C kalte Bergwerk. Hinab mit der Grubenbahn auf Schienen fährt man an alten ausgedienten Loren vorbei zum Sprengplatz. Hier wird mithilfe eines Pressluftbohrers anschaulich dargestellt, wie laut und schwer die Arbeit unter Tage war. Es werden auch extra Führungen für Kinder veranstaltet, die dann auch selbst einmal die Werkzeuge bedienen dürfen.

Der Grundstein für den Abbau von Eisenerz wurde hier zwischen Kleinenbremen und Hausberge 1835 durch Johann Dinndahl gelegt. Der erhielt zu diesem Zeitpunkt die Genehmigung, erst 48 Jahre später kam es dann tatsächlich zum ersten Abbau. Danach wurde es still um das Eisenerz im Tief- und Tagebau. Zwischen den Gruben Nammen und Wohlverwahrt wurde unter Tage eine Verbindung geschaffen. Und als der Abbau in der Grube Wohlverwahrt nicht mehr wirtschaftlich genug war, beschloss man, die gesamte Förderung von Erz nach Nammen zu verlegen. Der Betrieb in Wohlverwahrt wurde somit 1957 eingestellt.

Im Betriebsgebäude des 1988 eröffneten Besucherbergwerks Kleinenbremen gibt es ein Museum, das sehr viel Hintergrundwissen bietet und authentische Einblicke in die tägliche Arbeitswelt der Kumpel unter Tage gibt. Auch hier sind Räume wie die Jugendkaue oder die Steigerkaue in ihrem ursprünglichen Zustand erhalten. Ausgestellt ist hier auch eine Nachbildung des zweitgrößten Ammoniten, der je gefunden wurde.

- Besucherbergwerk und Museum für Bergbau- und Erdgeschichte Kleinenbremen, Rintelner Straße 396, 32457 Porta-Westfalica, Tel. (0 57 22) 90 2 23 www.bb-mk.de
- ÖPNV: Bus 2025 ab Bückeburg Bahnhof, Haltestelle Kleinenbremen, Zeche

Findlinge und Wasserfälle

72 Der Patensteig in Extertal-Meierberg

Er hätte auch „Drei-Schluchten-Steig" oder „Wilde-Wasser-Weg" heißen können, seit einem Ideenwettbewerb lautet aber der richtige Name des Wanderwegs im Extertal „Patensteig". 2005 wurde mit seinem Bau begonnen. Seit seiner Eröffnung im Jahre 2007 gehört der rund sechs Kilometer lange Steig zu den beliebtesten regionalen Wanderrouten. Startet man am Patensteig „Im Siek", so sieht man nach der Überquerung des Siekbachs einen als Steinkreis gestalteten Picknickplatz. Dieser lädt zu einer gemütlichen Rast in der Natur ein. Über hübsch angelegte schmale Wege und Treppen geht es dann erst einmal durch die Gersiekschlucht. Hier sollte man mit festem Schuhwerk ausgestattet sein! Der Weg ist ein großes Abenteuer, vor allem für Kinder.

Ein Verlaufen in dieser wunderschönen Natur ist fast unmöglich. Die vielen bunten Wegweiser, die im Rahmen des Projekts „Kunst am Patensteig" von kleinen und großen Künstlern geschaffen wurden und immer noch werden, zeigen deutlich die Richtung des Patensteigs an. Außerdem finden sich längs des Weges 20 Tafeln, auf denen die Geschichte des Steigs gut verständlich erklärt wird. Der Weg hält verschiedene Untergründe bereit. So kann es schon einmal passieren, dass man den Bach auf einem Steg überqueren muss oder etwas auf und ab gehen muss.

TIPP
Auf der Picknickbank in Ruhe seine mitgebrachten Köstlichkeiten verzehren!

Ein ganz besonderes Erlebnis ist es, einem der drei Wasserfälle, speziell dem großen Wasserfall der Rickbachschlucht, zuzuschauen. Im Winter bei eisigen Temperaturen hält dieser Weg ein eindrucksvolles Naturschauspiel bereit: Das Wasser der Wasserfälle erstarrt auf seinem Weg nach unten zu einzigartigen Skulpturen aus Eis.

Auf dem Wanderweg des Patensteigs kann man die Heimat riechen, besonders hier inmitten der Natur. Er lädt den Wanderer immer wieder dazu ein stehenzubleiben, innezuhalten und sich umzusehen, welch Glück wir haben, hier auf dieser schönen Erde zu sein.

- Der Patensteig, Im Siek, 32699 Extertal
www.marketing-extertal.de/patensteig
- ÖPNV: Bus 801, Anruf-Sammel-Taxi ab Rinteln, Tel. (0 52 61) 6 67 39 50

Kunst
Pfahl
PATENSTEIG
PATENSTEIG
Hinweg
PATENSTEIG
PATENSTEIG
PATENSTEIG
PATENSTEIG
PATENSTEIG
PATENSTEIG

Meditative Ausstrahlung

73 Kloster Dalheim

„Eingetreten! 1700 Jahre Klostergeschichte". So lautet der Titel der Dauerausstellung des LWL-Landesmuseums für Klosterkultur im Kloster Dalheim. Zu bestaunen sind elf Räume des Klosters, darunter auch der Speisesaal, der Kapitelsaal, die Schreib- und Wärmestube sowie die Bibliothek und die Klosterkirche. Hier wird man als Besucher in eine frühere Zeit versetzt. Das Kloster hat eine bewegende Historie hinter sind. In den letzten 800 Jahren war es erst ein mittelalterliches Frauenkloster, dann ein Augustiner-Chorherrenstift. In der barocken Blütezeit gab es prachtvolle Gärten. Nachdem es zur preußischen Staatsdomäne erklärt und dann später entweiht und zu einem Gutshof umgestaltet worden war, ist seit 2007 das LWL-Landesmuseum für Klosterkultur durch die Stiftung Kloster Dalheim dort untergebracht. Dieses unvergleichliche Museum ist in ganz Deutschland für seine klösterliche Kulturgeschichte berühmt. Die Dal-heimer Klostergärten sind inzwischen eingebunden in das European Garden Heritage Network, das Europäische Gartennetzwerk.

TIPP

Die Aussichtsplattform am östlichen Wanderweg besuchen und sich auf der Bank niederlassen!

Im Dalheimer Klosterladen können verschiedene Erzeugnisse aus klösterlicher Produktion, wie zum Beispiel Wein, Gebäck oder Seifen, erworben werden. Auch im Kloster Dalheim hergestellte Produkte wie etwa das Dalheimer Klosterbräu, Brände, Liköre und Honig sind dort im Angebot. Rund um das Kloster gibt es wunderschöne Wanderwege. Vom östlichen, etwas höher gelegenen Weg hat man einen traumhaften Blick auf die gesamte Klosteranlage und die umliegenden Klostergärten. Zum Verweilen laden an diesem Aussichtspunkt Bänke und ein fester Pavillon ein.

Genüsslich speisen kann man im Klosterwirtshaus, das ebenfalls in der Klosteranlage untergebracht ist. Hier lautet der Slogan „Genießen zwischen Himmel und Erde". Die Speisen werden nach alten überlieferten regionalen Rezepten zubereitet. Probieren kann man hier auch das hauseigene Dalheimer Klosterbräu, das man ganz authentisch im Braukeller in historisch gemütlicher Umgebung genießen kann.

● Kloster Dalheim, LWL-Landesmuseum für Klosterkultur, Am Kloster 9, 33165 Lichtenau-Dalheim, www.lwl.org/LWL/Kultur/kloster-dalheim/
● ÖPNV: Bus 481 ab Paderborn Hbf., Haltestelle Dalheim Mitte

74 Die vier Museen in Nieheim

In der liebenswürdigen Ackerbürgerstadt Nieheim mit ihrem historischen Ortskern kommt der Museumsliebhaber voll auf seine Kosten. Mitten im heilklimatischen Kurort gibt es gleich vier Museen, die dem Besucher die kulinarische Vielfalt der Region Westfalen näherbringen. Im westfälischen Brotmuseum fällt als Erstes der große Königswinterofen auf, in dem das leckere Brot gebacken wurde. Geht man weiter, erreicht man eine große Bildtafel, auf der Äcker und Kornfelder abgebildet sind. Davor sind Traktorensitze aufgebaut und wer dort Platz nimmt, fühlt sich tatsächlich so, als würde er übers Feld fahren. Hier werden Weizen, Roggen, Gerste, Dinkel, Hafer, Mais, Hirse, Buchweizen und Reis anschaulich dargestellt. Man erfährt auch, wie die Körner verarbeitet werden und was aus ihnen gemacht wird.
Im westfälischen Biermuseum gibt es interessante Informationen über das Lieblingsgetränk der Deutschen. Ein Liter Bier enthält nicht nur Alkohol, sondern auch Vitamine, vor allem B-Vitamine und Niacin, außerdem Kalium, Magnesium und Kohlenhydrate.
Im deutschen Käsemuseum werden verschiedene Käsesorten präsentiert. Außerdem erfährt man etwas über die Herstellung von Käse, über die Bedeutung des Fettgehalts, über die unterschiedlichen Sorten der Milch, die dafür benötigt werden, und über die Einteilung in verschiedene Käsegruppen.
Das westfälische Schinkenmuseum schließlich hält interessante Informationen bereit über die Haltung des Schweins in vergangenen Zeiten, über die Anatomie des Schweins und die Art der Reifung des Schinkens. Hier erfährt der Besucher auch, detailliert und anschaulich dargestellt, wie die Stücke beim Schwein heißen und wo sie bei dem Tier zu finden sind. Mit viel Glück hat man die Chance, an der Führung von Helmut Hans teilzunehmen, der nicht nur sehr viel Wissenswertes weitergibt, sondern auch ein scheinbar unerschöpfliches Repertoire an Anekdoten und Geschichten parat hat.

- Westfalen Culinarium, Lange Straße 12, 33039 Nieheim
  www.westfalen-culinarium.de
- ÖPNV: Bus R83 ab Steinheim, Bahnhof, Haltestelle Nieheim ZOB

Roggen
Gerste
Dinkel
Hafer
Mais
Hirse

Mit den Augen reisen

75 Der Luisenturm von Borgholzhausen

Ein wahrhaft romantischer Ort, perfekt für eine kleine Auszeit, ist die Aussichtsplattform des Luisenturms auf der 291 Meter hohen Johannisegge. Hier schmiegt sich die Stadt sehr schön in das Tal, und man hat einen traumhaften Ausblick auf Borgholzhausen. Zu erreichen ist der Luisenturm über eine serpentinenartige Straße, auf der man bequem mit dem Auto direkt bis zum Luisenturm fahren kann. Noch schöner ist es jedoch, den Wanderweg durch den malerischen Mischwald zu nehmen.

Am Turm angekommen, schaut man erst einmal nach oben und erfreut sich an der schönen Konstruktion: Auf vier Stelzen aus natürlichem Douglasienholz aus der Rhön thront der Ausguck. Der Turm wurde 1991 eingeweiht, seinen Namen verdankt er der preußischen Königin Luise. Am Fuße des Turms steht eine „Hör-Bank". Per Knopfdruck kann man einem Gespräch zwischen Opa Hermann, der im Teutoburger Wald lebt, und seiner Enkelin Anna, die in einer Großstadt wohnt, lauschen, wie sie sich über diesen zauberhaften Platz und das Umland unterhalten. Wer die 89 Stufen auf den Turm erklommen hat, befindet sich16 Meter über dem Waldboden und hat einen fantastischen Ausblick über das Weserbergland, das Ravensberger Hügelland und das Wiehengebirge, ja, die Sicht reicht sogar bis ins Münsterland. Hier können Blicke und Gedanken auf Reisen gehen. Es ist traumhaft, in der Sonne die Weite und die Felder zu genießen. Mit etwas Glück zieht gerade ein Vogelschwarm vorbei. Wer zu späterer Stunde hier oben verweilt, kann noch den romantischen Sonnenuntergang genießen.

Am Wochenende sorgen Ute und Ernstfried Schaefer in der Luisenturm-Hütte am Fuße des Luisenturms für den kulinarischen Ausklang. Seit fast 30 Jahren haben die Inhaber Spaß und Gefallen daran, ihre Gäste zu verwöhnen. Ob Fahrradfahrer, Wanderer oder Autofahrer – alle sind hier herzlich willkommen und können sich den frisch gebackenen Kuchen schmecken lassen.

TIPP

Das Frühstücksbuffet am Wochenende genießen!

- Luisenturm-Hütte, Peter-Eggermont-Straße, 33829 Borgholzhausen, Tel. (0 54 25) 14 66, www.luisenturmhuette.de
- ÖPNV: Bus 62 ab Bielefeld Hbf., Haltestelle Borgholzhausen, Funke

Expedition zur Sonne

76 Planetenweg in Bad Lippspringe

Die wunderschöne Parkanlage in der Kurstadt Bad Lippspringe erstreckt sich über den Kaiser-Karls-Park, den Arminiuspark und den Jordanpark. Im Kaiser-Karls-Park blühen fast das gesamte Jahr über Blumen in allen erdenklichen Farben. Der großzügige 6,2 Hektar große Arminiuspark entzückt mit dem ausdrücklichen Wunsch „Rasen betreten" und dem seit der Expo im Jahr 2000 geschaffenen Allergiepfad. Der Jordanpark, der seinen Namen von der gleichnamigen Quelle bekam, die in der Mitte des Parks entspringt, ist ebenfalls mit bunten Blumen verziert und hat einen größeren Baumbestand.

Der acht Kilometer lange Planetenweg wird auch als „Wanderung der Dimensionen" bezeichnet. Er gehört zu den schönsten Wegen dieser Art in Deutschland. Hier trifft man am Ausgangspunkt im Arminiuspark auf die Sonne mit einem Durchmesser von 1,40 Metern. Merkur, Venus, Uranus und noch sechs weitere Planeten folgen auf den nächsten Kilometern. Mit viel Liebe zum Detail wurde dieser Weg gestaltet. An den zehn Stationen gibt es jeweils Hinweistafeln mit galaktischen Informationen. Der Planetenweg wurde 2006 eröffnet und erfreut seitdem Alt und Jung. Hier werden auch astronomische Führungen angeboten, die einzigartig für einen Planetenweg sind.

TIPP
Das heilende Quellwasser der beiden Arminiusquellen probieren!

Bad Lippspringe ist auch die Stadt der Heilquellen. Die älteste dieser Quellen ist die Arminiusquelle, die 20,5° C warmes Wasser enthält. Entdeckt wurde sie 1832 durch Schafe, die, nachdem sie geschoren wurden, nicht zur Quelle der Lippe gingen, sondern sich daneben lieber das wärmere Wasser aussuchten. 1912 wurde aber noch an einer anderen Stelle, etwas südlicher, leicht dampfendes Wasser entdeckt. Da sich die Arminiusquelle im Laufe der Jahre einen anderen Weg gebahnt hat, gibt es mittlerweile die neue und die alte Arminiusquelle. Das Wasser aus den Quellen ist sehr gut für „Trinkkuren" geeignet. Den Namen bekam die Quelle übrigens von dem Cheruskerfürsten Arminius – auch Hermann genannt –, der als Sieger aus der Varusschlacht hervorging.

- Lippequelle und Planetenweg, Arminiuspark, 33175 Bad Lippspringe, Tel. (0 52 52) 2 60 www.bad-lippspringe.de/bali/gesundheit/heilquellen
- ÖPNV: Bus R50/51 ab Paderborn Hbf., Haltestelle Bad Lippspringe, Stadtmitte

Architektur zum Staunen

77 Das MARTa in Herford

Auch wenn manche sagen, ein UFO sei gelandet, verbirgt sich hinter den kühn geschwungenen Formen ein Museum für zeitgenössische Kunst, das auch Verbindungen zu Architektur und Design herstellt. Gebaut wurde es aus Backstein, Stahl und Glas, mit oft alles andere als geraden Wänden, die immer eine kleine Herausforderung für die Künstler sind, ihre Werke zu präsentieren. Interessant an diesem aufsehenerregenden Gebäude ist auch, dass es sich in einer kleinen Region wie Ostwestfalen befindet und nicht gar in New York oder London. Bei der Planung zu diesem Objekt fand der ursprüngliche Gründungsdirektor Jan Hoet mit Frank Owen Gehry einen Stararchitekten. Es hält sich hartnäckig die Legende, dass der Amerikaner bei einem Abendessen das Gebäude auf eine Serviette gezeichnet habe. Diese Zeichnung habe bereits alle wesentlichen Punkte der späteren Form des Gebäudes beinhaltet, das Abendessen sei somit auch die Geburtsstunde von MARTa, so heißt es. Der Name ist nicht zufällig gewählt. Das „M" steht für Museum, das „ART" für Kunst und das „a" für Architektur. Es gibt zwei Ebenen im „MARTa", unten liegt die Gehry-Etage, benannt nach dem Architekten, und oben die Lippold Galerie. Jede Ebene kann von den Räumlichkeiten her individuell gestaltet werden. Die Ausstellungen wechseln teilweise zweimal im Monat.

TIPP

Nicht nur von außen schauen, sondern unbedingt auch eine Ausstellung besuchen!

Kommt man am Parkplatz des MARTa an, wird man erst einmal stutzig: Dort steht nämlich ein Helikopter auf einem Trafohäuschen mit verspiegelten Scheiben. Er soll das MARTa gegenüber reflektieren. Diese Außenskulptur trägt den Namen „Hoher Besuch" und ist von Michael Sailstorfer 2005 dort aufgestellt worden. Auch direkt vor dem Eingang des MARTa gibt es Kunst in Form einer Säule. Diese Tupac-Säule wurde vom Künstler eigens dort platziert, um es Graffiti-Sprayern zu ermöglichen, sich in ihrer Kunst auszutoben. Ob außen oder innen, das MARTa ist eine einzigartige Adresse, die mit ihrer individuellen Gestaltung und ihrer wechselnden Kunst schnell zum Glücksort wird.

MARTa, Goebenstraße 2, 32052 Herford
www.marta-herford.de

ÖPNV: Bus 646 ab Herford Hbf., Haltestelle Herford, MARTa

Marta
Herford
ALL HAVE
RED BLOOD

Automobile Leidenschaft

78 Das Lenkwerk in Bielefeld

Das Lenkwerk ist nicht immer ein Glücksort gewesen. Im Gegenteil – in seiner langen Geschichte hat der Gebäudekomplex schon einiges mitgemacht. Auf dem Areal am Stadtholz in Bielefeld hatte Ende 1938 die Luftwaffe begonnen, ein Bekleidungsamt zu errichten. Es war das dritte seiner Art in Deutschland. Mit dem Ende des Krieges übernahmen die Briten den Gebäudekomplex. Nach Abzug der Armee zogen eine Außenstelle des Bundesamtes für Migration und Flüchtlinge sowie die Bielefelder Ausländerbehörde ein, später auch Bereiche der Fachhochschule. Der nordöstliche Teil und die große Verladehalle des seit 1994 unter Denkmalschutz stehenden Komplexes rotteten lange vor sich hin. Dann verwirklichte der Investor Christoph Borchard aus der Ruine heraus die Vision vom Lenkwerk. Genau wie in Berlin das 2003 eröffnete „Meilenwerk" sollte auch hier in Bielefeld ein Young- und Oldtimerzentrum entstehen. Dieses Vorhaben wurde dann 2011 nach nur anderthalb Jahren Planungs- und Bauzeit Wirklichkeit. Heute können im Lenkwerk unter anderem Oldtimer besichtigt werden. Es ist ein Traum, durch die Halle zu gehen und die Fahrzeugklassiker anzuschauen. In der Haupthalle des Lenkwerks sind Automobil-Träume ausgestellt, die man sonst nur selten sieht. Raritäten aus Deutschland, England, Italien und Frankreich ruhen teilweise auf zwei Ebenen hinter Glas. So hat das Lenkwerk seine Gründungsidee eingelöst, diesen rollenden Legenden ein Umfeld zu geben, das ihrem hohen Status gerecht wird.

Aber nicht nur das Museum ist einzigartig und faszinierend. Auch die architektonische Bauweise der Gebäude nebenan lassen den Besucher staunen. Da gibt es die viergeschossigen Twin-Towers, an deren Fassade sich eine begehbare Glaskanzel befindet. Auch für private Feiern und Firmenevents kann das Lenkwerk übrigens angemietet werden.

TIPP

In der „Kocherei" nebenan bei Frederik Breipohl (bekannt aus dem TV „mein lokal, dein lokal") schlemmen.

● Lenkwerk, Am Stadtholz 24–26, 33609 Bielefeld
www.lenkwerk-bielefeld.de

● ÖPNV: Bus 23 ab Bielefeld-Jahnplatz, Haltestelle Bielefeld, Am Lenkwerk

Verwöhnen inklusive

79 Gräflicher Park Health & Balance Resort, Bad Driburg

Er gehört zu den zehn schönsten Parks in Deutschland, die Rede ist vom „Gräflichen Park Health & Balance Resort" in Bad Driburg. Hier steht der Mensch und mit ihm seine Bedürfnisse nach Entspannung im Mittelpunkt. Nach einer anstrengenden Woche kann man in diesem einmaligen Wellnesshotel im Teutoburger Wald neue Lebenskraft schöpfen. Diesen Ort der Entspannung gibt es schon seit 1782. Zu der Zeit begann man bereits damit, den Menschen ganzheitlich zu betrachten. Heute wird das Resort und der Park in siebter Generation von Marcus Graf von Oeynhausen-Sierstorpff und Gräfin Annabelle von Oeynhausen-Sierstorpff geführt. Verwöhnen lassen sollte man sich hier, egal ob ein paar Stunden oder auch für ein paar Tage. Wer ein bisschen auf der Suche nach sich selbst ist, findet hier den idealen Ort, um anzukommen und um Glück zu empfinden. Dampfbad, Sauna und Massagen laden dazu ein, sich rundherum wohlzufühlen. Als Hotelgast oder Day-Spa-Gast genießt man die großzügige Spa-Suite mit sprudeligem Whirlpool und Sauna. Zu zweit einen Tag dem Alltag entfliehen und mal „fünfe" gerade sein lassen, das ist hier bedingungslos möglich. Ungestört und frei hat man hier ein ganzes Reich für sich. Außerdem gibt es immer wieder verschiedene Angebote wie Yoga, Ernährungs-Coaching, Golf oder „Gräfliche Verwöhntage".

Liebevoll sind die großzügigen 135 Zimmer und Suiten eingerichtet, die sich auf sechs Logierhäuser verteilen. Der mit dem Bundespreis „Das goldene Lindenblatt" gekrönte englische Landschaftspark, der in über 235 Jahren zu einer Größe von 64 Hektar angewachsen ist, besticht durch seine wundervoll angelegten Blumenarrangements, den Teich, das Wildgehege und die sehr gepflegten Rasenflächen. Ein ganz besonderes Highlight ist der hölzerne Hochsitz, der einen Kopf, der in die Landschaft schaut, präsentiert. Dieser Hochsitz ist von Michael Sailstorfer mitten im Zentrum des Irrgartens geschaffen worden. Von oben hat man einen traumhaften Ausblick auf die Landschaft!

- Gräflicher Park Health & Balance Resort, Brunnenallee 1, 33014 Bad Driburg www.graeflicher-park.de
- ÖPNV: Bus R75 ab Nieheim ZOB, Haltestelle Bad Driburg, Evangelische Kirche

Glück, das nichts kostet

80 Der Schmetterlingspfad in Willebadessen

Bei strahlendem Sonnenschein macht es besonders viel Freude, durch die Landschaft zu schlendern. Bei rund 1715 Sonnenstunden pro Jahr, mit denen Ostwestfalen-Lippe aufwarten kann, fühlen sich auch Schmetterlinge hier pudelwohl. Auf dem Schmetterlingspfad in den Kalktriften im Kreis Höxter bedeutet Glück, den fliegenden Tagträumern zuzuschauen und mit ihnen die Gedanken schweifen zu lassen. Ein blauer Schmetterling auf einer Holztafel lacht den Besucher des Schmetterlingspfads an. Dieser Weg ist Teil des Hitgenheierweges, ein Wanderweg rund um Willebadessen. Hier im Naturschutzgebiet leben um die 50 Tagfalterarten, darunter auch der seltene Kreuzenzian-Ameisenbläuling. Am Ortsausgang von Willebadessen an der Nethe ist der Startpunkt dieses 2010 eröffneten Erlebnispfades, der „Mit dem Flügelschlag des Bläulings" als Motto trägt. Auf dem 3,5 Kilometer langen Weg gibt es auf acht Tafeln viele nützliche Informationen.
Die Falter lieben die Sonne und fühlen sich in den meist trockenen und warmen Kalktriften sehr wohl. Der Sommer ist die beste Jahreszeit, um die wunderschönen Falter zu beobachten. Mit etwas Glück kann man auch einen Schmetterling aus der Familie der Edelfalter, „das große Ochsenauge", entdecken. Der graubraune Schmetterling trägt zwei deutlich sichtbare schwarze Augenpunkte in Weiß gerahmt, auf orangefarbenem Untergrund. Zu sehen ist vielleicht auch der Schachbrettfalter, der seinem Namen alle Ehre macht.
Die Kalktriften waren vor nicht allzu langer Zeit Weidegebiet, auf dem Ziegen und Schafe grasten. Dann wurde das schöne Fleckchen Erde sich selbst überlassen, bis man es vor rund 20 Jahren wieder entwilderte. So können nun Blumen blühen und Schmetterlinge sich in diesem, für sie idealen Lebensraum niederlassen.

TIPP
Unbedingt auf einer Bank Platz nehmen und die Falter ausgiebig beobachten!

- Schmetterlingspfad, Fölsener Straße, 34439 Willebadessen
- ÖPNV: Bus 541 ab Willebadessen Bahnhof, Haltestelle Willebadessen, Zur Lötke

Bibliografische Informationen der Deutschen Nationalbibliothek
Die Deutsche Nationalbibliothek verzeichnet diese Publikation in der Deutschen Nationalbibliografie; detaillierte bibliografische Daten sind im Internet über http://dnb.d-nb.de abrufbar.

3. Auflage 2022
Konzeption/Satz: Droste Verlag, Düsseldorf
Einbandgestaltung und Illustrationen: Britta Rungwerth, Düsseldorf, unter Verwendung von Bildern von © Fotolia.com: jd - photodesign.de; © iStock: Plociennik Robert
Fotos: Alexandra Matzke, außer: S. 73: Bali-Therme, Bernd Opitz

FSC www.fsc.org MIX Papier aus verantwortungsvollen Quellen FSC® C011279

Druck und Bindung: LUC GmbH, Greven
ISBN 978-3-7700-2229-8

www.droste-verlag.de